「わざ」を忘れた日本柔道

有山篤利◉著
Atsutoshi Ariyama

大修館書店

まえがき

２０２２年3月、全日本柔道連盟（全柔連）から衝撃の発表があった。全国小学生学年別柔道大会を廃止するという発表である。

全柔連は廃止の理由について、「心身の発達途上にあり、事理弁別の能力が十分でない小学生が勝利至上主義に陥ることは、好ましくないため」と述べている。これに対し、多くのトップアスリートから賛同の声が上がり、スポーツ少年団等から追随する動きもあらわれた。しかし一方で、「子どもたちの夢や目標が奪われる」、「小学生への指導の在り方が問題なのであって大会が悪いのではない」など、少年指導の現場や保護者等からは廃止に疑問を呈する声も少なくなかった。

ここで、この問題の是非について検討する意図はない。しかし、賛成・反対それぞれの意見はいずれも、「行き過ぎた勝利至上主義」というフレーズのもとに展開された、少年の競技スポーツをめぐる価値観の衝突であったように思う。それは究極のところ、「日本一」という目標に集約される競技が子どもにとって有益なのか、弊害が多すぎるのかという議論であった。

この一連の論争は、現代柔道がまぎれもなく勝敗を中核的価値とするチャンピオンスポーツであること、そして、競技大会が柔道の存在意義に直結する絶対的な契機であることを私たちに改めて認識させたのである。

スポーツにとって、勝敗を競う過程で得られる達成感や充実感が、その文化的基盤を豊穣なものにする決定的な契機となることは間違いない。

しかし、それは決して唯一無二のものではない。その端的な姿を私たちが目の当たりにしたのは、2021年に開かれた東京オリンピックのスケートボード競技であった。

それは、日本代表の岡本碧優《みすぐ》選手の決勝における演技で起こった出来事である。岡本選手は、決勝の演技を無難な技にまとめれば銅メダルのチャンスが十分にあったにもかかわらず、あえて高難度の技に挑戦し失敗した。そして、悔し涙を流す岡本選手のもとに各国の選手が駆け寄り、抱き上げながらその挑戦を讃える姿が大きな反響を呼んだ。

これを単なるスポーツマンシップの表徴として見るのは適当ではないだろう。私たちがこのとき目にしたのは、スケートボードにおいて至高の技への挑戦にはメダルを超えた魔力があり、技を極（究）めることに魅せられたプレイヤーがトップアスリートとして集うことによって、スケートボードの豊穣な文化を創り上げているという現実である。

ひるがえって、柔道の技はどうだろうか。柔道は日本というローカルからグローバルな世界に展開した種目である。したがって、柔道の技にはローカルなスポーツに埋め込まれた文化としての動き、すなわち本書で言う「わざ」が存在した。

しかし、残念なことに柔道はこの「わざ」を極（究）めることについて、伝統文化としてのアイデンティティにかかわる大切な意味があることを忘れているのではないか。それは、日本の身体運動文化特有の「道（どう）」の喪失にもつながる問題ではないだろうか。

本書は、このような問いを柔道のスポーツ化の実相を解明する基盤に置いた研究である。

自国の伝統文化を包含した「わざ」には、これまでの柔道にとって絶対的価値であった「勝敗を競う行為」を凌駕する魅力がある。「わざ」との対話を通じた自己肯定に価値を見出す柔道、それは試合をとおして得られる他者への優越に縛られることのない柔道である。さらにそれは、古い武技・武芸の伝統を引き継ぎながらも、実は現代にもフィットする柔道ではないだろうか。東京オリンピックにおけるスケートボード競技がその可能性を示してくれた。

本書のテーマは、すでに言い古された感のある柔道のスポーツ化をテーマにしている。しかし、それは我が国の伝統という名の過去に閉じられた論ではない。柔道の未来に開かれた論なのである。

本書は、2021年8月に広島大学大学院教育学研究科に提出し受理された博士学位論文「柔道のスポーツ化と『わざ』の変容―『柔の理』の存在価値―」に加筆修正を加えたものである。また、2022年度追手門学院大学研究成果刊行助成をいただき、完成に至ることができた。

この間、実に多くの人々のご指導やご助言を頂戴した。

まず、私の研究者の礎を築いていただくとともに、今も終生の師として導きくださっている京都教育大学名誉教授山下秋二先生。山下先生の後を引き継ぎ、手厚いご指導と研究のご助言を賜った立命館大学産業社会学部教授中西純司先生、及び立命館大学において共に学び励まし合った学友のみなさま。

博士学位論文を受け入れてくださり、柔道の先達としても様々な有益なご指導とご助言をくださった広島大学大学院教授出口達也先生。博士論文について有益なご助言を賜るとともに、丁寧な論文審査をしていただいた広島大学大学院教授上田毅先生、同教授永田良太先生、同准教授黒坂志穂先生。兵庫教育大学大学院の同僚（当時）として苦楽を共にしながら、統計分析に関する貴重な示唆を与えていただいた法政大学准教授島本好平先生。

柔道指導者の鑑として尊敬するとともに、柔道研究に向き合うエネルギーと勇気を与えてくださった日本大学教授金野潤先生。

よき先輩、相談相手として、挫けそうになるたびに常に私を励まし助言をくださった立命館大学教授金山千広先生、聖泉大学教授炭谷将史先生。

論文作成にあたって快く協力を申し出てくださった日本古武道協会理事・事務局長（当時）の山田重夫様、起倒流柔術代表（当時）の故井上彰二様、講道館の鮫島元成先生及び畠山洋平様、ＮＰＯ法人judo3.0代表理事の酒井重義様、関西大学柔道部監督の山城正記様、関西医療大学講師尾原弘恭先生ほか、数多くのみなさま。

本書の刊行にあたってお世話になった大修館書店の阿部恭和様。

私事ではあるが、私の研究生活を支えてくれた妻や二人の子どもたち。まだまだ、数えきれない多くの方々にお世話になった。このような周囲の支えに比べればあまりに拙い成果ではあるが、本書をこうした人々すべてに捧げ、深く感謝の意を表したい。

２０２３年１月　有山篤利

目次

序章

伝統文化はグローバル化時代のものさし

第一節　柔道のスポーツ化論へのまなざし

一．多文化化する社会、複文化化する私

「クロワッサンがアメリカ中に急速に広まり、伝統的なドーナツに挑戦するまでになるのに、フランス人が大挙してアメリカに移民する必要はなく、ファーストフードのハンバーガーをヨーロッパのほとんどすべての中規模の都市にまで行き渡らせるのに、多くのアメリカ人が移民する必要はない。」

デヴィッド・ハーヴェイ（吉原直樹監訳、１９９９）は、グローバリゼーションが劇的に進行する現代社会をこのように表現している。彼は「資本主義の歴史は明らかに、ときに世界がわれわれに向かって内側へと崩れかかってくるように見えるほど空間的障壁を克服しながら、生活のペースを加速することによって特徴づけられてきた」と述べ、近代化によって「時間によって空間が絶滅されていく」過程を「時間と空間の圧縮」というキータームを用いて表現している。

グローバリゼーションの定義は立場により多岐にわたるが、「地球規模における相互依存の成立・深化を意味する」（正村、２００９）ことは間違いない。グローバリゼーションの始まりは、大きく分けて、①１９７０年代に求める見方、②近代の開幕とされる16世紀に求める見方、③近代以前に求め

る見方があるが（正村、２００９、２頁）、いずれにせよ、それはヒト・モノ・カネの世界的な流れとして始まった。とりわけ、20世紀後半から始まったＩＴ（情報技術）革命は、その情報処理能力と伝達能力の加速度的な発展をもたらし、我々の想像を超えるスピードで世界のグローバル化を進めている。我々の社会・経済・文化などあらゆる分野に劇的な変化をもたらしている。今、デヴィッド・ハーヴェイの言う「時間と空間の圧縮」は、ユビキタスと言われるような情報通信技術の発達によって、恐らく彼が考えたよりも何倍もの勢いで世界中のあらゆる事物を覆っていることは間違いない。

２０１７（平成29）年に現在の学習指導要領が告示されたが、それに先立って出された「幼稚園、小学校、中学校、高等学校及び特別支援学校の学習指導要領等の改善及び必要な方策等について（答申：中教審第１９７号）」（中央教育審議会、２０１６）の冒頭に、このような記述が見られる。

「グローバル化は我々の社会に多様性をもたらし、また、急速な情報化や技術革新は人間生活を質的に変化させつつある。こうした社会的変化の影響が、身近な生活も含め社会のあらゆる領域に及んでいる中で、子供達の成長を支える教育の在り方も、新たな事態に直面していることは明らかである。」

この指摘は、グローバリゼーションの進行が学校教育に及ぼす影響に言及したものであるが、その影響は子どもの問題にとどまるような限定的なものではない。グローバリゼーションの波が、大人も含めた我々の社会生活全般に今までにない新たな変化をもたらしていることは言うまでもない。

グローバリゼーションが我々にもたらす影響に、「社会の多文化化」と「個人の複文化化」というものがある。冒頭の文章は、IT革命によってもたらされる時間と空間の圧縮が、世界各地のローカルな地域や場所に急速な多文化化をもたらしていることを比喩的に表している。複文化化とは、多文化が相互依存する現代社会では、我々が常に複文化的な存在として生きることを余儀なくされることを意味するものである。生活様式のデフォルトは日本文化にあったとしても、朝食はパンにコーヒー、アジアで縫製されたスーツやネクタイを着用し、アメリカ製のパソコンを抱えて出勤し、昼は食堂のカレーライスで済ませ、会社帰りに英会話スクールに通い、夜はイタリア製のソファーでくつろぎながら日本酒で晩酌をする。我々の日常は世界各地の文化で彩られている。

二. グローバルな世界に実体はない

この多文化化と複文化化という現象を考えるとき、注意を向けねばならないのは、グローバリゼーションのもつ仮想現実性であろう。多文化化は、人の移動という実体を必ずしも必要としていない。現代のグローバリゼーションは、ネットというバーチャルな空間において、それを指一本の操作だけで簡単に実現する。また、複文化化は、我々の日常生活から日本というローカル色を奪い、何色とも言えないアマルガムな生活を創り出す。これは、グローバリゼーションによって創り出される社会というものが、常にバーチャルなイメージ空間に存在する世界であることを意味する。そこには、ローカルな事物に見られるような、他とは区別された生活様式や風習・習慣、民族の歴史などに特徴づけられた実体世界は見出せない。

グローバル化された社会というものの本質が仮想現実性や虚構性に依存するものであるならば、私たちは、グローバリゼーションというものの把握や理解の仕方について、見逃しがちなある事実を確認しておかねばならない。それは、グローバリゼーションを、単なる世界的な均質化や平均化が進んだ実体世界であるかのように捉えることの不毛さである。

私たちは、グローバル社会という、あたかも姿形をもった現実世界が存在しているように勘違いしがちではないか。しかし、実はそれはローカルな事物が集まり混ざり合った実体のつかめない非現実の世界であり、きわめて言説的な空間なのである。したがって、グローバルに属する事物や社会の確かな理解は、異なる背景をもったローカルに属するもの同士の比較に頼らざるを得ない。グローバル化された社会というのは、「ローカルに属する事物が集積された総体」に過ぎないのである。グローバリゼーションの進行はローカルな事物の変容として記述されねばならず、それは、ローカルな文脈のずれや重なり、長所と短所、対立性や共通性などの発見と比較によって、初めて読み解くことが可能となるのである。

スチュアート・ホール（1999）はこのように指摘する。


「エスニシティというのは、そこから人々が発言するために必要な場所ないし空間である。」

「現代の発話の理論は、発話というものはどこかあるところから始まるということを私たちに認識させる。それは、どこにも場所をもたない、定位置を占めないということはありえないのであって、言説のなかで常にあるところに位置付けられるものである。言説がだれか他の人に言及しようとするのは、それがどこかに位置付けられていることを忘れる時である。」

言語、社会的価値観、信仰や生活における慣習などの文化的特性を共有する集団における帰属意識やアイデンティティをエスニシティと呼ぶ。この言葉は自らに確たるローカル軸を確立していない者、すなわち自ら背負ったエスニシティについて自覚のない者には、グローバルな世界の本質的理解が困難であることを暗示している。

スチュアート・ホール（1999、42‐43頁）は、現代につながるグローバリゼーションの基礎をつくったイギリスのアイデンティティを「イングリッシュネス」と呼び、イギリス人自体が結局は、ヨーロッパの果てから舞い上がり、独自の言語、特殊な習慣、儀礼や神話をもった一つのエスニック集団に過ぎないと喝破する。つまり、当時のグローバリズムの中心にあった「イングシッシュネス」というアイデンティティも、「ある場所、特殊な歴史のなかに位置付けられる場所や歴史を離れては何も表現できない」のであり、「それは領土に関する全体的な概念、すなわち、どこが自分の土地でどこが外国か、自分たちに近いのはどこで遠いのはどこか、といったことの関わりのなかで位置付けられる」と指摘している。

しかし皮肉なことに、グローバル化が拡大すればするほど我々の世界は透明感を増していく。つまり、過激なグローバリゼーションにより多文化化や複文化化が複雑さを増し、すでにそれらが意識できないほど日常生活に溶け込んだ時代に生きる現代人にとって、グローバルを読み解くために必要なローカル軸を自覚する作業は容易ではないということである。それは「海外に行けばグローバルな感覚が身に付く」とか「英語が話せればグローバル人である」といった単純な行動によって成されるものではない。一見グローバル化に逆行するような自国のエスニシティや様々なローカルな事物の発見と理解を基盤として達成される。ここに日本文化を学ぶ教育の意味や必要性が要請されるのである。

三、武道というローカルな身体運動文化

さて、日本文化を理解するための教材の一つに、武道という伝統的な身体運動文化がある。それは、我が国の伝統的な武技・武芸を源流とし、「術から道へ」と称されるような独特の精神文化にあらわされるように、日本としてのエスニシティを豊富に含んだ身体運動文化を形づくっている。本書で取り上げる柔道は、この武道を象徴する種目の一つである。

ところで、武道という概念は、それぞれの時代の要請や価値観のもとに構成された身体運動文化の総称であり、その意味するところも時代によって相違する。したがって、本論に入る前に、その用法や一般的理解について簡単に整理しておく必要があろう。

例えば入江（2003、18頁）は、江戸時代に使用された武道の意味するところは「『（武）士道』、すなわち武士として守るべき行動規範のことであり、柔術、弓術、剣術…など個人の戦闘技術は武芸とか武術、兵法などとよばれていた」と述べている。現在のように個人に帰する格闘術をもって武道が総称されるようになったのは明治期であり、入江（2003、16頁）は「わが国が近代国家として

政治的軍事的なさまざまな動向を示す中で、近世においては区別して使用されていた『武芸（術）』と『武道―（武）士道』の概念を包括した意味合いで『武道』という用語が定着していった」と述べている。

現在、我が国の武道団体を統べる組織には日本武道協議会があり、その傘下には日本武道館と、柔道・剣道・弓道・相撲・空手道・合気道・少林寺拳法・なぎなた・銃剣道の統括団体が所属している。我が国で武道と呼ばれるものは一般にこの9種目を指す場合が多い。現在の武道は、この日本武道協議会が定義する概念をもってあらわされており、本書においても、冠を用いずに単に「武道」と記す場合は、この日本武道協議会の定義をもって示される現代武道9種目を示すものとする。また、ここに含まれない近代化以前の姿を色濃く残しながら現代まで続いている剣術や柔術等については、一般に「古武道」という総称が定着しているが、本書では現代武道との混乱を避けるため、「古流武（柔）術」と総称し[1]、これらの源流にあたる古の戦技そのものを指す場合は「武技・武芸」と表記する。

1987年に、日本武道協議会が制定した武道憲章の前文にはこのように記述（抜粋）されている。

「武道は、日本古来の尚武の精神に由来し、長い歴史と社会の変遷を経て、術から道へと発展した伝統文化である。（中略）いまや武道は、世界各国に普及し、国際的にも強い関心が寄せられている。我々は、単なる技術の修練や勝敗の結果のみにおぼれず、武道の真髄から逸脱することのないよう自省するとともに、このような日本の伝統文化を維持・発展させるよう努力しなければならない。」
（日本武道館、2007）

この前文に続き、第1条（目的）から第6条（普及）まで文章は続く。そこでは、「術から道へ」と称されるように、武道の存在意義が格闘技術の錬磨を通じた人格形成を主眼とする心身修養文化にあること、そして、現代においては世界に開かれた文化として、国際的視野に立った普及が求められていることなどが示されている。

この日本武道協議会が示す武道概念をそのまま教育のなかに位置付けたのが、教科体育に代表される学校体育である。中学校学習指導要領（平成29年告示）の解説保健体育編（文部科学省、２０１８）には、このように記されている。

「グローバル化する社会の中で、我が国固有の伝統と文化への理解を深める観点から、日本固有の武道の考え方に触れることができるよう、内容等について一層の改善を図る。」（８頁）

「武道は、武技、武術などから発生した我が国固有の文化」（１４３頁）

「武道は、単に試合の勝敗を目指すだけではなく、技能の習得などを通して、人間形成を図るという考え方があることを理解できるようにする。例えば、武道は、相手を尊重する礼の考え方から受け身をとりやすいように相手を投げたり、勝敗が決まった後でも、相手に配慮して感情の表出を控えたりするなどの考え方があることを理解できるようにする。」（１４４頁）

これらの記述を見れば、学校体育が描く武道が日本武道協議会の描く武道概念に沿ったものであることは明白である。そして、我が国の伝統的な身体運動文化としての特徴は、技や動き、あるいは攻防の様式や戦術など技能に関する構造ではなく、相手の尊重や克己の心など実践者の道徳的なマインドとそれに基づく振る舞いに求められている。現代の武道は、この点において他の欧米由来のスポーツとの差別化を図られ、グローバル化した社会において自国のアイデンティティを示すメルクマールとして、学校教育を通して国民のなかに再生産されていると言えよう。

四．グローバル化時代の柔道のスポーツ化論

先に、スチュアート・ホールの指摘を引用しながら、グローバリゼーションが進行する世界におけるエスニシティやローカルな事物のもつ意味を示した。まさに学校教育における武道概念の再生産の意味はここに求められているのであるが、なかでも、日本伝講道館柔道（以下、本書では柔道と略す）はその象徴となる武道種目である。

柔道は、創始者の意図的な戦略に基づいて[2]、歴史的に早い段階からグローバルな発展を視野に入れた活動が始まっており、戦後、オリンピック種目に採用されることによって競技スポーツとして海外に広く普及した。その結果、柔道は、「グローバルな世界において伝統的な日本を主張しうる文化」として、我が国の武道を象徴する特別な役割を担うようになった。その意味において、柔道は、現代武道の在り方を先んじて示したと言えよう。

しかし、グローバリゼーションが私たちの日常を覆う時代において、ローカルな事物が変わらない

姿を保ち続けることはもはや不可能である。多木（1995）は、「かつてはエスニックなスポーツであった柔道が世界的なスポーツに変身していった過程で、そこに含まれているナショナルな精神的伝統つまり非近代的な文化の残滓を払拭しなければならなかった。そのとき体重制、点数制などが導入されてゲームのコードは変化した」と述べている。まさに、柔道はグローバルとの狭間で揺れ動くローカルな身体運動文化の姿の典型例であり、このような柔道の文化的変容は一般に「スポーツ化」という名で総称される。

柔道のスポーツ化については、武道の近代化を吟味する意味でこれまで多くの言説や論が立てられてきた。しかし、これまでの柔道のスポーツ化へのまなざしは、先に述べたような一般的な武道の概念理解に基づいており、欧米化とともに失われる日本社会の美徳の在り方を問う格好のサンプルとなってきた。柔道はまさにその象徴的存在である。オリンピックスポーツとなった柔道に対して、道徳的なマインドやそれに基づく振る舞いなど伝統に比定される事柄を引き合いにして、情緒的な批判を展開するのがスポーツ化という言葉の典型的な用法であった。そこでは、しばしば日本の伝統を正当なものとみなし、欧米的な価値観を異端視するローカルに閉じこもった論が展開されがちであった。

しかし、現代のエスニシティは、グローバリゼーションのなかで常に変容しつつあり、柔道のスポーツ化の実相も、常に揺れ動くローカルな事物の有りようを直視したうえで冷静に描かれねばならない。過激なグローバリゼーションが進行する現代においては、ローカルな事物同士の相容れない文脈をいかに融合させハイブリッドな文化を構築していくのかという問いこそが、社会の豊かさを形成していくための重要な命題となる。ローカルな事物へのまなざしは、グローバリゼーションの望ましい進展を促すものであらねばならない。

本書の研究はすでに言い尽くされた感のある柔道のスポーツ化を論じるものであり、そのまなざしは、グローバル化が進む過程で柔道に生じたローカルな事物の変容に向けられている。しかし、本論の趣旨は、グローバリゼーションがもたらす現実に目を背けて、自国の伝統文化の変容を嘆いたり、懐古趣味的な論を主張したりするものではない。現代における柔道のスポーツ化論は、スチュアート・ホールが指摘したように、エスニシティの有りようへの問いかけを通してグローバルな世界を相対化するローカル軸を提供するものとならねばならない。そして、グローバルとローカルを兼ね備えた身体運動文化としての柔道自身の未来へ示唆をもたらすものとならねばならないのである。

第二節　柔道のスポーツ化論を再考する

一．スポーツ化は武道の普及戦略

武道は、我が国古来の戦技である武技・武芸の延長に位置付けられた身体運動文化である。

「今日、武道はスポーツと伝統の二つの表情を合わせもつ日本発の身体文化である。スポーツとしての武道は日本発祥であることを主張しつつも、様々な国と地域に普及し、国際試合が開かれ世界中の人びとに親しまれている。一方、伝統としての武道は日本の歴史に基礎付けられ、日本及び日本人の固有な論理と心理に基づいて行われるべきだと考えられている。武道はこの二つの表情を使い分けながら、今日まで続いているのである。」

中嶋（２０１７）は、その著書の冒頭で現在の武道をこのように表現している。

また、友添（２００９）は、「歴史の事実を見れば、人の往来に伴って文化は交流し、混淆し変容する。この原則に立てば、日本型近代スポーツである伝統武道も、種目によって程度の違いはあれ、さらに交流し混淆し、洗練され、変容していく宿命にある」と述べている。現代武道はその原型となった文化的アイデンティティを制度・ルールや思想の体系のなかに継承してはいても、様々な近代化の過程を経ながら現代的に合理化され、グローバル化の進む時代の文脈に適応した姿となって今ここに存在している。

今福（2013）が、「今や『伝統スポーツ』の多くは『近代競技スポーツ』の枠組みを取り入れたある種の混合体にならざるを得なくなっている」と指摘するように、現代に適応するための武道の合理化すなわち近代化は、競技スポーツという欧米発の身体運動文化の価値観やルール、制度、組織などを取り入れることによって行われた。それは、嘉納治五郎によって明治時代に実質的なスタートを切ったのであるが、以降、武道の近代化は競技スポーツとの融合をキータームとして描かれることとなる。

もともとスポーツは、イギリスやアメリカというローカルな地域の身体運動文化であった。それが、民主主義や資本主義などの近代的パラダイムを背景にしたこれらの国の世界進出とともに、産業やメディアと結び付いた競技イベントとしてパッケージ化され、グローバリゼーションの波に乗った競技スポーツとして肥大化していった。それとともに、武道の発展も、競技スポーツと融合した大衆への普及や世界進出という流れのなかに描かれるようになる。そのため、明治の近代化から現代のグローバリゼーションの流れのなかで生じた武道の文化的変容は、常に競技スポーツとの融合を含意したスポーツ化(3)という名で包括され認知されている。そして、その最も典型的な事例が柔道であることは先に述べたとおりであり、そのため、一般にスポーツ化という語は柔道の変容を表現する代名詞として扱われることが多い。

アレン・グットマン（1997）は、オリンピックというメガイベントを通じて、柔道というローカルな身体運動文化が、西洋起源の競技スポーツとの融合を余儀なくされている状況をこのように表現している。

「オリンピックの柔道は、日本起源であることの痕跡をほとんどすべて奪い取られている。（中略）柔道家たちも次第に自分たちの格闘技を近代スポーツの命ずるところに適合させてきた。ミシェル・ブルスが述べたように『近代柔道には、創始者嘉納治五郎の柔道と類似点がほとんどない』。」「他のオリンピック種目同様、柔道でも『伝統は、近代性にその場を譲ってきた』。要するに、オリンピック種目というものは本質的に西洋的なもののままなのである。アフリカやアジアのスポーツ選手がオリンピックに参加していることはまぎれもない事実であるが、彼らは西洋に起源するスポーツか、西洋起源の近代的形態をとったスポーツにおいて、西洋の約束事にのっとって競い合っているのである。」

アレン・グットマンが指摘するようにオリンピック競技となった柔道に日本起源の痕跡が見られないかどうかは意見の分かれるところであろう。しかし、近代教育やオリンピック種目としての発展を考えたとき、柔道が歴史的に競技スポーツとの融合によるスポーツ化を推し進め、日本というローカル色を薄めながら現在の地位を築き上げたことは動かしがたい事実である。そして、この柔道の世界的発展を軸とした近代化路線は、我が国の武道の普及・発展戦略のロールモデルとして、後発の武道種目に大きな影響を与えている。

阿部（2003）は、種目によって差はあるものの、「これまで競技スポーツ性とあまり縁のなかった種目においても積極的に競技大会等を開催」するなどして、「競技スポーツ性を強調することで国際化を図る動き」が「世界の武道界におけるひとつの流れ」となっていることを指摘している。現在、種目によってスタンスは異なるが、武道を称するもののほとんどが世界大会を開いたり国際連盟を設立したりすることをその普及戦略として描いている[4]（日本武道館、2007、136‐393頁）。武道の各種目は、自らの普及や発展をグローバルな世界への参入に結び付け、競技スポーツを特徴付ける組織や制度や形態への接近、すなわちスポーツ化の流れに寄り添うことによって達成しようとする姿勢を、現代に至るまで潜在的にもち続けている。現代武道の興隆は、常に柔道の近代化及び国際化と二重写しの問題となることを忘れてはならない。

二．矛盾と葛藤に満ちたスポーツ化

一方で、このスポーツ化という言葉は大きな矛盾をはらんだ言葉でもある。スポーツ化の動きと柔道の発展は、実質的にほぼ同義と言ってよいほど一体化した歴史的事実である。この柔道のたどった道のりが他の武道種目の発展のロールモデルとして捉えられているのは前述したとおりである。にもかかわらず、武道関係者のなかでは、この語が肯定的な意味で用いられることはほとんどない。

例えば、菊本（2003）は、武道が伝統的に競技化、合理化だけではなく「洗練」という文化的価値を見出してきた身体運動文化であるとして、このような特性を軽視し、スポーツ的なよさを注入することだけが武道の発展や武道の目指すべき普及の手段と考えることに疑問を呈している。また、田中（2005）は、「すでにオリンピック種目として定着した柔道に対し、『武道の本質を失った』『柔道ではなくJUDOというスポーツだ』といった批判があるのは既成の事実である」と述べている。野瀬（2008）も、「短期間に国際化した柔道に対して、他の武道の指導者からは『柔道は国際化を急ぐあまり、日本武道としてのよさを失ってしまった』などという批判も聞かれる」と指摘している。

このように、アレン・グットマンの指摘を待つまでもなく、柔道がすでに欧米発祥のスポーツに呑み込まれ、本来有していたはずの文化的アイデンティティを失いつつある（あるいは失った）ことを否定的に捉える声は、我が国の武道関係者の間に広く共有されている。柔道の普及発展に関連して、欧米の競技スポーツとの融合や接近する動きが前景化されるとき、そこには常にグローバリゼーションの波に乗るために伝統として守るべき価値観を失ったという批判が対をなす論として存在する。そして、我が国の伝統文化と隔絶しているとみなされた格闘技は、揶揄の意味を込めて柔道ならぬ「JUDO」という英語表記で表されるのである。[5]

このように、形而下の実践においては、柔道の普及・発展がローカルスポーツの国際化やグローバル化の成功例として前向きに捉えられる一方で、形而上の概念やその有りようを論ずる際には、文化的なアイデンティティの喪失という負の側面を危惧する論理が優勢となる。そして、この負の側面に対するカウンターオピニオンをスポーツ化という言葉に込めて用いるのが、柔道に関する武道論の一つの定型となっている。

柔道が日本発の唯一のオリンピックスポーツとして、グローバルな世界に通用する文化として発展するよう、脱ローカル化を期待されてきたことは疑いようのない事実である。しかし、多くの国民が、柔道に対して我が国の伝統文化としての側面を期待し、国民的なアイデンティティを投影していることも間違いない。つまり、グローバルなスポーツとしての存在を示す根拠は、あくまでもローカルな価値観に由来するものでなければならないのである。この一見すると矛盾した役割をめぐる葛藤が、常に柔道のスポーツ化論議の根底に存在するのである。

三．スポーツ化とは道徳的価値の喪失なのか

ここで、これまでの定型的な柔道のスポーツ化論議について、批判的に振り返ってみたい。はじめに指摘されねばならないのが、柔道のスポーツ化が、柔道とＪＵＤＯにかかわる関係者や競技者たちのマインドの問題に閉ざされた議論として展開されてきた点である。定型的な柔道のスポーツ化論議では、欧米発祥の競技スポーツと我が国の柔道がそれぞれ抱える価値観の相違がこれまで一貫して主張され続けてきた。

例えば、藤堂（２０１４）は、柔道の本質にかかわる競技規定の改正として、体重別制の導入、判定基準としての効果の採用、ブルー柔道着の導入、技（ズボンを直接握ってかける掬投《すくいなげ》や双手刈《もろてがり》など）の禁止、ランキング制の導入をあげ、これらが欧米の競技スポーツの発展過程を支配するＳＤＣＭ原理という価値基準によってもたらされたものと指摘する。ＳＤＣＭ原理とは操作的な造語であるが、それは「Simple（ルールはわかりやすく）、Dynamism（動きはダイナミック）、Color（服装や施設用具

はカラフル)、Money(行き着く先は賞金)」という競技スポーツの商業主義的な価値観を体現した発展原理を意味している。そのうえで藤堂は、IJF(国際柔道連盟)が前面に押し出すような商業主義的な価値観に対し、我が国の伝統的な武道である柔道は、自然体や人間教育の重視など発祥国として譲れない伝統的な価値側面を強調すべきことを主張している。

また、田中(2005、43-47頁)は、競技柔道に象徴される現代の武道に対してこのような警鐘を発している。

「武道の競技においては、今日も、正しい過程を経て立派に勝つことが求められているのである。勝利のために姑息な戦術を用いたり、反則規定を逆手に取ったりするようなことは許されない。」『武道のスポーツ化』とは、人間のうちに向かうべき自己規制の矢印が、外向きのルールの拡大解釈へ変わることだといえるであろう。」

田中は、武道においては自己の徳性や人格の陶冶など道徳的な価値をもって第一義となすべきであり、競技スポーツのように勝敗という結果を第一義とする成果主義的な価値観にはなじまないと主張するのである。田中は文中において柔道を名指しして批評してはいないが、この武道のスポーツ化が柔道の現状を念頭に置いたものであることは容易に想像できる。

これらの指摘に共通するのは、柔道を含めた武道にはいわゆる「道」という言葉に象徴されるような修養を通じた徳育主義が伝統的に存在するという主張である。そしてそれは競技スポーツの商業主義や成果主義とは相容れない道徳的価値であり、これを破壊することに柔道のスポーツ化の本質的な過ちがあるという認識が導かれる。ここでは象徴的な二つの意見を引用したが、このような認識は、柔道のみならず武道に関係する者の多くに通底するごく一般的な感覚であろう。

ところで、佐伯（1984）によれば、スポーツは、「人間欲求を充足する生活様式として人間自身が創り出した人類共通の文化」であり、①観念的成果、②制度的（行動的）成果、③物質的成果といった「有形・無形の成果」から構成されるという。また、中西（2012）もスポーツを「人間の文化的な営み」と捉え、佐伯の考え方を援用しながら、①スポーツ観、②スポーツ行動様式、③スポーツ的事物の三つの文化的構成要素の複合体として定義している。このように、スポーツは文化的な構成体として捉えることができるとされるが、これまでの柔道のスポーツ化論では、競技ルールや用具の変更としてあらわれた態度や勝負姿勢の変化などに意見が集中してきた。佐伯の「①観念的成果」や中西の「①スポーツ観」にかかわる問題のみが選択的に取り上げられる傾向にあったのである。

確かに、武道には武技・武芸から受け継いだ「道」と呼ばれるような修養重視の徳育主義的なスポーツ観（価値観）があるのは間違いない。このようなスポーツ観が、勝利の獲得を第一義とする成果主義的なスポーツ観によって変質した実態に注目し批評を展開することは、エスニックなスポーツ文化の変容の一側面をあらわすものとして意義は認められる。

例えば、村田（2011）は、赤色畳、ブルー柔道着や体重別制の導入、狭間サイズの試合場の導入、女子用の白線入り黒帯の使用禁止、抑え込み時間の短縮、ゴールデン・スコア方式の実施、判定基準としての効果の導入と廃止、タックルに相当するような技の禁止など、様々なルール変更や制度をめぐる事象が、「日本対ＩＪＦという対立構造を形づくり、所謂、文化摩擦の様相を呈している」と述べ、特にカラー柔道着の問題を取り上げて我が国と諸外国との価値観の相違を詳述している。

一方で、山口（２０１３）は、「ＪＵＤＯ」に対する「正しい柔道」という捉え方に疑問を呈するとともに、オリンピックを契機として行われた様々なルール変更について、全日本柔道連盟や講道館といった我が国の柔道組織が根本的な議論をしないまま、「どのように対処するか」の議論に終始している現状に対し厳しい批判を展開している。山口は、柔道が本来有していた価値観にまで踏み込んで「Why」あるいは「What」という問いを突き詰めることなく、「How to」のレベルでしか検討していない現状に対するジレンマを吐露しているのである。

同様に、松原（２０１３）は「日刊スポーツ」（２０１１年６月28日付）の記事を例に引きながら、「技、一本を取る、日本の金メダル増、伝統、タックル廃止」はひとつながりで「正しい柔道」という言葉で括られ、対照的に「パワー、正しくない技、効果を狙う」[6]が「ＪＵＤＯ」の特徴としてひと括りにされている現状に疑問を呈している。そのうえで、競技において国際化を進めた以上その変化は避けられないものとして直視すべきであるという、現実的な選択の重要性を指摘している。

これらの先行研究に見られるように、ＩＪＦが進めるメディア・観客を意識したビジュアル化や競技の効率化、レスリングなど、他の格闘技との差別化を図るための競技ルールや制度の変更[7]等の成果主義的価値観からもたらされる問題については、それを直視して受容する立場、また批判的に捉える立場など様々な意見がある。そして、これらの意見がＪＵＤＯと柔道の間にある葛藤を私たちに自覚させ、その論を賦活させていることは間違いない。

しかし、それぞれ主張の違いはあるにせよ、これらの論はいずれもオリンピックを頂点とする成果主義的な競技スポーツの価値観と、徳育重視などの武技・武芸から継承した伝統的価値観にかかわる論議として理解できる。そして、端的にはルールや制度に適応した海外の柔道家と日本人柔道家がこだわる姿勢や態度の違い、すなわちマインドの問題に論点は集約されていくのである。

四．スポーツ化は外国JUDO対日本柔道でいいのか

一方で、野瀬ほか（２０１２）は、闘い方のスタイルというやや異なった視点でスポーツ化を論じている。

そこでは、ランキングシステムの導入やオリンピック出場システムの変更などの例を取りながら柔道の競技スポーツ化を指摘する一方で、近年のＩＪＦの審判規定やシステムの改革が伝統的な武道精神を尊重しつつあると指摘する。そして、これに呼応するように柔道の戦い方のスタイルが「伝統的な柔道に戻る兆しを見せている」と述べている。しかし、野瀬ほかの指摘は、戦い方のスタイルという動きや技にかかわる問題に着目してはいても、結局のところその論がこだわる伝統とは、「一本へのこだわり」や「美しい技の追求」という日本的精神の問題に集約されるのである。そして、「本来の（あるいは正しい）柔道」にこだわる我が国の柔道実践者と、国際柔道連盟に象徴される海外柔道実践者の姿勢の対比に導かれていくという従来の主張軸は何ら変わることがない。

その結果、現代柔道の実態は、伝統と目される価値観への姿勢や態度の違いとして「本来の（ある

いは正しい）柔道」という曖昧な言葉に集約されていく。競技スポーツとして柔道を行う誤った外国人柔道実践者（国際柔道連盟）と、修養として徳育主義の伝統を重んじる正しい日本人柔道実践者（全日本柔道連盟）のマインドの対比という文脈で把握されるのである。

しかし、文化的構成要素の複合体としてスポーツを捉えるならば、スポーツ化という現象を、徳育重視などの伝統的価値観にかかわる変化のみで理解するのは不十分であろう。なぜならば、佐伯や中西の指摘するような文化的要素は複合体として相互に連関し影響しあっている。ゆえに、価値観に生じたような変化と、その運動の中核を構成している動きや技そのものの発現の様相がシンクロしていると考えるのは、きわめて自然で妥当な推論と言えよう。スポーツ化による価値観の変容はそれ単体の問題として考えるのではなく、その運動の中核にある動きや技の変化と複合的に把握する必要がある。したがって、現在のスポーツ化された柔道の姿を正しく理解するためには、柔道が創始された当時の「技」が価値観の変容と関連しながら現代柔道においてどのように変化しているのか、文化的な構成要素の総体としての「動き」を比較検討する必要があろう。

しかし、これまでの柔道のスポーツ化をめぐる言説では、価値観の変容と技の変化はあくまでも無関係であり、成果主義の浸食による道徳価値の後退という形而上の問題と、実際の攻防における動きや技の発現という形而下の問題を有機的に捉えるという視点は見られなかった。そして、動きや技の問題については、主に「外国人」実践者の繰り出すパワフルで強引な攻撃に対し、個人の経験則や主観という曖昧な基準をもって「本来の（あるいは正しい）柔道ではない」と批判することはあっても、「日本人」実践者の動きや技に対して客観的な検討や批判が加えられることはなかった。

これまでのスポーツ化論では、動きや技の問題は常に価値観の問題とは切り離され、欧米的なＪＵＤＯが伝統的な日本柔道を駆逐していくという定型のなかで、ＪＵＤＯと柔道の実践者マインド（精神）の二項対立が論じられてきた。端的には、外国人選手と日本人選手という集合名詞によって、スポーツ化という現象の可否が判定されてきたのである。そして、日本における個々の実践者の実態はスポーツ化の影響の射程外におかれたまま、ローカルな姿を保存し続けていると盲目的に位置付けられてきた。スポーツ化は常にＩＪＦに象徴される外国人の問題であり、我が国の実践者の動きや技の実態は論議の埒外に置かれたままであり、その実際の姿には何ら科学的な論証は加えられていない。

本書は、端的には柔道というローカル発祥のスポーツ文化における伝統の有りようを問うものである。そのためには、柔道のスポーツ化を、①運動の中核にある動きや技の変容を価値観の変化にシンクロする問題として取り扱うこと、②柔道という身体運動文化自体の構造の変容を問うために、日本人という集合名詞で論ずるのではなく、我が国の実践者それぞれの技の変容の実態を検討することが必要である。新たな柔道のスポーツ化論には、欧米的なＪＵＤＯの成果主義的価値観が伝統的な日本柔道の徳育主義的価値観を駆逐していくという、従来定型となってきた文化帝国主義的な二項対立論を超えた検討が必要である。そのまなざしは、伝統を継承していると信じられている我が国の柔道自身の主体的な変容として、実践者自身の動きや技の様相そのものに向けられねばならない。

第三節　柔道のスポーツ化と「わざ」の変容

一．「わざ」と新たなスポーツ化論

　ここで、本書で展開される研究の目的を明確にしておこう。この研究は、柔道がグローバル化する過程で生じたスポーツ化と呼ばれる現象の実相を、柔道の動きや技の変容という新たな視点から解明しようとするものである。先に述べたとおり、これまでの柔道のスポーツ化論では価値観とシンクロして変化する動きや技の問題が無視され、ＩＪＦに象徴される外国人柔道実践者のマインド（精神）の問題に矮小化されてきた。柔道のスポーツ化に関する論義の中心は、主としてＩＪＦによるルール改変や外国人柔道選手の競技態度に対する批判に向けられ、自国の柔道実践者の実態については考える努力すら放棄されてきたのではないだろうか。

　そこで、本書では柔道のスポーツ化の内実を、海外からの文化圧力による柔道ルールや制度の変更と考えるのではなく、我が国の柔道の内なる「わざ」の喪失ないし変容として記述可能なことを示したいと考える。そこで、「柔道の『スポーツ化』の内実は日本柔道そのものの『わざ』の変容である」という仮説を検討するために、以下の二つのリサーチクエスチョンを設定する。

ｉ．「わざ」の変容が柔道の競技化とかかわって進行しているのではないか。

ii．「わざ」の変容が我が国の柔道実践者のなかに進行しているのではないか。

また、この研究を展開するにあたっては、以下の三点に配慮する。

①柔道のスポーツ化の問題を、価値観の問題を含んだ文化的な動きや技の変容として把握することとし、これを「わざ」という言葉で捉えること

②日本人という集合名詞をもって曖昧な全体像を論ずるのではなく、我が国の実践者それぞれのわざの変容の実態を検討の対象にすること

③研究にあたっては、これまでのような情緒的で主観に依存した検討ではなく、可能な限り客観的なデータによる実証をとおした検討を行うこと

伝統を保存継承していて当然であるはずの我が国の柔道実践者の「わざ」が、すでに伝統から逸脱している可能性があるのではないか。それこそが、柔道がスポーツ化した証ではないか。端的に言えば、本書はこのことを問いかけるものである。そのためには、まず対象となる「わざ」という語にふれておかねばならないだろう。

本書で問う「わざ」とは、柔道の投げ「技」や抑え「技」などに相当するバイオメカニクス的な運動技術（technique）、あるいは個人の経験にとどまる運動技術（skill）としての「技」ではない。金子（2002）が「芸（わざ）」と表記した「われわれの社会で形成され伝承されるわざ」である。それは、「ある特定の個人に発生した実践知」が「地域を超え、国境を超え、さらに時代を超えて伝承」

した動きの型であり、「社会的、文化的な影響を色濃く残している習慣的な動作としてのハビトゥスの問題を抱えながら、地域や民族に密着したいろいろな運動のかたち」である。

本書では、以降、動き（movement）や技（skill）を文化的な意味合いを込めて用いる場合については、仮名表記の「わざ」という言葉でこれを表現するとともに、以上の検討を踏まえて、柔道のスポーツ化の実態を探るための新たな視点としてこれを設定したい。

これまで、柔道のスポーツ化論で検討されてきた「価値観」は、運動の実体としての「動き」とは切り離されて論じられてきたが、本書で問うものは、日本というローカルで伝統的な文化的な価値観や様式を含んだ動きとしての「わざ」である。柔道に含まれる文化としての「わざ」というものを、調査的手法を用いながら可能な限り主観的観測を排しつつ概念化を試み、その変容の実態を把握することで我が国のローカルで伝統的な身体運動文化の在り方を考究したいと考える。

二．なぜ、今、スポーツ化なのか

ここで、すでに語り尽くされた感のある柔道のスポーツ化について、今なぜこれを再度問う必要があるのか、その背景をもう一度確認しつつ、この研究の地平について明らかにしておきたい。それは、スポーツ化という語の二面性にもかかわる問題である。

日本古来の武技・武芸の流れを汲む現代武道にとって、スポーツ化は堕落の側面であると同時に自らの発展のための現実的手段として認識されている。柔道のスポーツ化による近代化路線が、多くの批判を浴びながらも、現実的にはすでに我が国の武道の普及・発展戦略のロールモデルとして認識されていることはすでに指摘した。それは同時に、スポーツ化によって引き起こされるグローバルとローカルの葛藤が、現代においてはすでにオリンピック種目となった柔道の問題にとどまるものではなく、武道全般に関する差し迫った問題と考えねばならないことを意味している。スポーツ化は多くの武道関係者にとって、自らの普及・発展という意味で最も即効性のある効果的な薬でありながら、それは己自身の文化的なアイデンティティを崩壊させる麻薬でもあるという矛盾に満ちた概念なのである。

それはまさに、容易に帰結点の見出すことのできないジレンマとして、柔道に象徴される現代武道の在り方を縛り続ける。むしろ、柔道のスポーツ化を批判しつつも、過激なグローバリゼーションと歩調を合わせた発展を余儀なくされる現在の武道界の動向を考えれば、柔道が抱え込んでいるような伝統と近代、ローカルとグローバルの間の相容れない文脈をどう整理し自らの文脈に引き取るのかというやっかいな問題が、今も伝統に軸を置いたある意味初心な武道種目にドラスティックにもちこまれる可能性は否定できない。

２０２０年東京オリンピックにおいて正式競技に採用された全日本空手道連盟の会長は、新年の辞においてこのように高らかに宣言している（笹川、２０２０）。

「待望のオリンピック・イヤーがいよいよ幕を開けました。我が国で発祥した『空手道』が世界の『空手』に成長して、東京オリンピックの正式競技として世界の檜舞台に立ちます。（中略）オリンピックの空手競技を通して、空手の素晴らしさ、楽しさを日本国内はもとより、世界中の人々に知っていただく絶好の機会であると考えております。」
「また、オリンピック参加を目指す武道団体にとっても海外から訪れる大勢の方々に日本の武道を理解していただく好機であります。したがって、日本の武道関係者の皆様には、東京大会の柔道・空手の成功に向けて一層のご支援、ご協力をいただきたくお願い申し上げます。」

この言葉は、オリンピックをとおしたグローバル化が、我が国の武道にとっていかに魅力的であるかを雄弁に物語っている。空手道については、すでに「KARATE」としての競技だけではなく、格闘技にかかわるショービジネスとしても普及するなど、柔道とはやや趣を異にしたグローバル化が進展している。しかし一方で、このオリンピックを契機に伝統と近代、あるいはローカルとグローバルの間にある矛盾が「空手道」と「KARATE」の対立として先鋭化し、一気に露呈する恐れがあることも忘れてはならない[(8)]。

しかし、中嶋（2017、1-4頁）はこのようにも指摘する。

「武道のスポーツ化を論ずることとは、スポーツ化する以前の本来の武道とは何であったのかを問う本質論へと我々を誘うのである。」

スポーツ化へのまなざしは、スポーツ化されていない本来の武道の有りようを問うことであり、欧米由来のスポーツとは異なる伝統文化としての特質を追求するという意味で、それは体育や武道の指導者にとってのアクチュアルな課題への対峙でもある。中嶋は、グローバル化が進む社会のなかで、自国の身体運動文化のアイデンティティをいかに保存・継承していくのかという問いに真摯に向き合うことが、現代のスポーツ評論における武道の語りを豊かにすることにつながると明言するのである。

現在、武道は学校教育において伝統文化を学ぶ体育教材として学習内容を構成している。それは、この武道の特質を問うまなざしが、グローバリゼーションの進展に対応した国民教育の有りように直結する問題であることを意味する。同時にそれは伝統や地域とのつながりが見えにくくなる現代において、武道という枠にとどまらない我が国のあらゆるローカルに属する事物の彷徨に通じるものとして私たちの耳目を集める問題ともなろう。

ゆえに、本書における柔道のスポーツ化へのまなざしは、単に消費文化に対するカウンターとしての武道の精神性の確認や、偏狭なナショナリズム、単なる懐古主義的な趣味において消えゆく伝統を惜しむことに向けられるものではない。本書の視線は、加速度的に進行するグローバリゼーションのなかでこそ求められ、必要とされるローカルの輝きを見出す営みに向けられたものであり、これを柔道という伝統的な身体運動文化の「わざ」の姿を通じて考究しようとするものである。

三．本書の構成

以上の研究目的に対する結論を導くために、本書は以下のような枠組みによって構成されている(図序－1)。

【研究の仮説】

柔道の「スポーツ化」の内実は柔道そのものの「わざ」の変容にある。

【リサーチクエスチョン】

ⅰ.「わざ」の変容は柔道の競技化とかかわって進行しているのではないか。

ⅱ.「わざ」の変容は我が国の柔道実践者のなかに進行しているのではないか。

Q1	今、なぜ柔道のスポーツ化が問われねばならないか	…序　章
	⇩	
Q2	柔道のスポーツ化を把握するのに、なぜ「わざ」の変容を見るのか	…第１章
	⇩	
Q3	柔道の「わざ」はどのような伝統価値によって生成されるのか	…第２章
	⇩	
Q4	柔道の「わざ」の変容をどのようにして測定するのか	…第３章
	⇩	
Q5	「わざ」の変容は現代柔道の実態にどのようにあらわれているのか	…第４章
	⇩	
Q6	得られた知見は今後の柔道にどのように生かされるのか	…終　章

図序-１　研究の仮説及びリサーチクエスチョンと本書の構成

柔道のスポーツ化については、①柔道（あるいは武道）のスポーツ化という概念や言説の解釈に関する研究、②スポーツ化という概念や言説の形成過程に関する研究、③スポーツ化の現状に対する武道論など、すでに様々な研究が行われている。

序章においては、はじめにすでに言い尽くされた感のある柔道のスポーツ化論をなぜ今問う必要があるのか、グローバリゼーションが劇的に進む現代社会との関係のなかで確認したうえで、これまでの柔道のスポーツ化に関する研究に対する問題意識と解決すべき課題を提示している。さらに、本書が目指す定型的な言説を脱した新たなスポーツ化論を構築するためには、既成の概念にとらわれない斬新な視点が必要であり、価値観の変化に伴って変容する「動きや技」という手がかりを示している。

第一章においては、前章を受けて柔道のスポーツ化を把握するための新たなキー概念として文化的な動きである「わざ」というものを提示し、伝統文化との関係を解説する。スポーツ化と呼ばれる現象は、ローカルに属するエスニックなスポーツがグローバル化する過程で生じた価値観の相克として語られるが、本書ではその実相を把握するためのキー概念として柔道の「わざ」を位置付けている。「わざ」は、「文化の蓄積によって形成された伝統性により特徴付けられた美意識を含む」エスニックスポーツにおける動きの様式として位置付け、その根拠と妥当性について論じる。

第二章では、「わざ」というキー概念に含まれる伝統に結び付いた美意識とは何かを解説している。本章においては、柔道の「わざ」を生成する伝統的な概念の所在を検討しつつ、その様式が示す文化的な独自性を論じる。具体的には、我が国の徒手武術を規定する価値観として「柔」という中国由来の思想について触れる。その後、それが我が国の武術に吸収され、「柔の理」という特有の戦術的な行動様式が生まれた経緯を記述するとともに、嘉納治五郎によって編み出された柔道のなかにどのように継承されていったかを確認する。この検討をとおして、柔道の「わざ」が、理想的な「わざ」を生成する原理（理合い）である「柔の理」によって、「柔よく剛を制す」動きや技として具現化される構造を明らかにしていく。

第三章においては、序章において示した問題意識に基づいて、スポーツ化と柔道の「わざ」の変容の関連を定量的に把握する手段を構築するために、「柔の理」への認識状況を測定する尺度の作成を試みる。本書では、柔道はスポーツ化される過程で「わざ」を方向付ける伝統的美意識の結晶である「柔の理」が脱色されている、という仮説を立てている。この仮説を検証するためには、嘉納が「柔の理」によって構成したとする柔道の技が、今も嘉納の意図どおりに「柔の理」によって生成されている「わざ」なのか、その実態を検証しなければならない。そのために、「柔の理」が具現化された「柔よく剛を制す」動きや技を柔道実践者がどのように認識しているか、その状況を測定する尺度を開発する。第三章においては、この尺度の開発に至る手続きと結果を記述するとともに、その過程において示された柔道の「わざ」の変容を示す手がかりについて論述する。

第四章においては、本書の主題である柔道のスポーツ化に関する仮説を明らかにするため、前章において作成された「柔の理定着尺度」を用いた調査の手続きと、その結果を記述している。第四章では、柔道に関する様々な背景を有する実践者を対象にした調査により、「わざ」の変容が競技スポーツ化とかかわって生じる現象であることを提示していく。それは、柔道のスポーツ化をあぶり出す重要なキーワードが、「わざ」への視点にあることの妥当性を証明するものである。また同時に、柔道実践者の「わざ」の変容の実態把握を手がかりに、これまでの定型的なスポーツ化論では気付くことができなかったスポーツ化した柔道の抱える葛藤や様々な課題を明らかにしていく。

終章においては、序章から第四章をとおして得られた知見について、嘉納治五郎の言論を振り返りながら総括するとともに、研究の限界についても記述する。また、文化の蓄積によって形成された動きの様式として「わざ」の重要性を確認し、その価値を再発見することによって生まれる柔道の発展可能性について言及する。特に「わざ」への視点が導く可能性については、現代柔道に要請される「生涯スポーツとしての柔道」及び「教育としての柔道」の二側面から論じている。「生涯スポーツとしての柔道」の在り方については、柔道と並ぶメジャーな武道種目である剣道と比較しながら、伝統的な「わざ」を介した接し方が人気の停滞する柔道に新たな活力を与える可能性を提示する。また、「教育としての柔道」については、「わざ」を中核にした学習を確立することによって、従来の形式的な伝統文化の学習を打破し、柔道授業がグローバル化社会に開かれた学習として再構成できる可能性について言及する。

なお、本書は以下の四本の原著論文において報告された知見をベースにしながら、新たな検討と発展的な考察を加えてまとめられたものである。

(1)有山篤利・山下秋二（2015）教科体育における柔道の学習内容とその学びの構造に関する検討．体育科教育学研究、31（1）：1‐16頁．

(2)有山篤利・島本好平・中西純司（2016）「柔の原理定着尺度」の開発を通した柔道の学習内容の

提示．体育学研究、61（2）：421-433頁．

(3) Atsutoshi Ariyama, Junji Nakanishi, Kohei Shimamoto (2017) An Attempt to Grasp the Contents of Judo through Development of an "Established Scale of the Basic Principle of Ju". International Journal of Sport and Health Science, 15: 145-159.

(4) 有山篤利・中西純司・島本好平・金野潤（2019）柔道の「動き」のスポーツ化と柔の実践者の実態：「柔の理」への認識に焦点をあてて．体育学研究、64（1）：101-117頁．

■注

(1) 1979年に日本武道館の提唱によって中央統括機関としての「日本古武道協会」が設立され、2022年12月現在、柔術、剣術、居合術・抜刀術、槍術、杖術・棒術、薙刀術、空手・琉球古武術、体術、砲術、その他武術の合計778流派が加盟している（日本古武道協会、2019）が、全国には本協会に加盟していない地域に根ざした多くの古流武術流派が現在も存在するものと思われる。

(2) 嘉納（1932）は、「柔道の海外宣伝普及は、二つの意味において自分の後半生の任務であると信じている」と宣言し、諸外国と日本との関係を債権と債務にたとえ、「世界の諸国が求むるところの柔道を授け、我が国をして債権国たらしめん」と指摘している。また、「柔道を諸外国に教えれば、それらの国々における柔道の修行者と、日本人との間に理解と親しみが増す」ことによって、国同士の円満な関係が築けると述べている。

(3) 本来、競技スポーツはスポーツのなかに包摂される概念であり、武道が競技スポーツと融合することをもってスポーツ化と呼称するのは正確ではない。しかし、我が国の近代スポーツは、明治期に大学等の高等教育における課外活動の学校対抗競技として始まっている。以来、我が国におけるスポーツは、欧米と異なり、一貫して遊びの色を薄めた競技スポーツとして発展してきたことに特徴がある。したがって、本論においては、我が国におけるスポーツ化は、実質的に競技スポーツ化と同義のものとして扱うこととする。

(4)日本武道館が編集した『日本の武道』のなかに、各武道競技団体が自らの種目を紹介した内容があるが、そこでは銃剣道以外のすべての種目の解説において国際的な拡大や発展に関する展望や抱負が示されている。
(5)本論においても、「ＪＵＤＯ」という表記を意図的に用いる場合は、日本という伝統色が極限まで薄められ、いわゆるチャンピオンスポーツとしてグローバルに展開されている格闘競技の柔道を意味するものとする。
(6)赤畳やカラー畳の導入、青色柔道着の着用等については、審判や観客の視認効果やテレビ放映時の効果などが期待され、ゴールデン・スコアや抑え込み時間の短縮は、試合時間の効率化がねらいとなった。また、タックルなど下半身への直接攻撃の禁止は、徒手の格闘技であるレスリングとの差別化を図るという意図があった。
(7)２０２０年東京オリンピックに空手が新種目として追加されるはるか以前に、豊島・井上（１９８５）が、「空手道のスポーツ化が進む一方、そのスポーツ化に反対し、武道としての空手道を主張する人びとや、武道としての空手道を求めて始める人びとも多い」と述べ、武道としての空手とスポーツとしての空手の相克と共存の在り方について検討している。
(8)効果という判定基準については、僅差ポイントを稼いで勝とうとする柔道から、大技で豪快な一本の奪取を目指す柔道へと転換していくことを目的に、２００９年のＩＪＦ（国際柔道連盟）試合審判規程の改正により廃止されている。

■引用・参考文献

・阿部哲史（２００３）武道と国際化．入江康平編著．武道文化の探求．不昧堂出版、１０４頁．
・有山篤利（２０１８）教科体育における柔道と伝統文化の学習．津田塾シンポジウム「グローバル社会における柔道教育の在り方とこれからの課題を考える」抄録．津田塾大学．
・アレン・グットマン：谷川稔、石井昌幸、池田恵子、石井芳枝訳（１９９７）スポーツと帝国―近代スポーツと文化帝国主義―．昭和堂、１４２‐１６２頁．
・中央教育審議会（２０１６）幼稚園、小学校、中学校、高等学校及び特別支援学校の学習指導要領等の改善及び必要な方策等について（答申：中教審第１９７号）、１‐２頁．
・デヴィッド・ハーヴェイ：吉原直樹監訳（１９９９）ポストモダニティの条件．青木書店、９‐22頁．
・今福龍太（２０１３）身体―ある乱丁の歴史―．21世紀スポーツ文化研究所編．スポートロジイ．みやび出版、９‐27頁．

・入江康平（2003）武術・武芸と武道．入江康平編著．武道文化の探求．不昧堂出版、76‐87頁．
・金子明友（2002）わざの伝承．明和出版、38‐43頁．
・嘉納治五郎（1932）昭和八年を迎うるに当り講道館員一同に一段の奮励を望む．柔道第4巻第1号．嘉納治五郎体系第1巻．講道館．本の友社、382‐388頁．
・菊本智之（2003）武道とスポーツ．入江康平編著．武道文化の探求．不昧堂出版、76‐87頁．
・正村俊之（2009）グローバリゼーション．有斐閣、9‐22頁．
・松原隆一郎（2013）武道は教育でありうるか．イースト・プレス、65‐69頁．
・文部科学省（2018）中学校学習指導要領（平成29年告示）解説保健体育編．東山書房、143‐167頁．
・村田直樹（2011）柔道の国際化．日本武道館、464‐542頁．
・中嶋哲也（2017）近代日本の武道論〈武道のスポーツ化〉問題の誕生．国書刊行会、1頁．
・中西純司（2012）「文化としてのスポーツ」の価値．人間福祉学研究、5（1）：7‐23頁．
・日本武道館（2007）日本の武道．ベースボール・マガジン社、8‐9頁．
・日本古武道協会ホームページ．http://www.nihonkobudokyoukai.org/martialarts/（参照日2022年12月5日）
・野瀬英豪、野瀬清喜、三戸範之、小室宏二（2012）国際柔道連盟による戦略的改革．国際経営・文化研究、16（2）：45‐56頁．
・野瀬清喜（2008）柔道学のみかた―若き武道家・指導者たちのために―．文化工房、14‐16頁．
・佐伯聰夫（1984）スポーツの文化．菅原禮編著．スポーツ社会学の基礎理論．不昧堂出版、67‐98頁．
・笹川堯（2020）空手道のひろば．月刊武道、638：128‐129頁．
・スチュアート・ホール（1999）ローカルなものとグローバルなもの―グローバル化とエスニシティ―．A・D・キング編：山中弘、安藤充、保呂篤彦訳．文化とグローバル化―現代社会とアイデンティティ表現―．玉川大学出版部、41‐66頁．
・多木浩二（1995）スポーツを考える―身体・資本・ナショナリズム―．ちくま書房、114‐120頁．
・田中守（2005）武道―過去・現在・未来―．ベースボール・マガジン社、14頁．
・藤堂良明（2014）柔道―その歴史と技法―．日本武道館、249‐304頁．

・友添秀則（２００９）思考実験としての武道．現代スポーツ評論、第21号 国際化時代の武道を考える．創文企画、８‐16頁．
・豊島建広、井上一男（１９８５）空手道のスポーツ化．武道学研究、18（２）：71‐72頁．
・山口香（２０１３）日本柔道の論点．イースト・プレス、41‐62頁．

第一章

「礼に始まり礼に終わる」は伝統なのか

第一節　開かれたスポーツ化論へのまなざし

一．スポーツもローカルな文化

序章において、柔道のスポーツ化の実相を明らかにする意義を解説するとともに、本書のアイストップが柔道の「わざ」の変容にあることを示した。本章においては、この「わざ」というものを伝統価値に結び付ける根拠と妥当性についてさらに考察を深めたい。

柔道のスポーツ化とは、端的には柔道が近代化するために接近したグローバリゼーションの波によって、ローカルな身体運動文化としての固有色が脱色されていく際に生じる葛藤の様相を意味する。

綾部（1985）は、「国民国家の枠組みのなかで、他の同種の集団との相互行為的状況下にありながら、なお、固有の伝統と我々意識を共有している人々による集団」を、エスニック・グループ（民族集団）と捉え、「こうした集団に固有の伝統文化と結びついた象徴的行為や認識の体系」をエスニシティと定義している。今、私たちがスポーツと呼んでいるものの多くは、その源流をイギリスに求めることができるが、このスポーツの原型であるsportは、本来イギリスというエスニシティをまとった身体運動文化であった。

このsportが近代的産物としてのスポーツに生まれ変わる過程を社会学的な視点から解き明かしたのは、ノルベルト・エリアスである。ノルベルト・エリアスは、それが議会制民主主義を特徴とする近代と時代を同じくして発生した身体運動文化であり、その本質的な部分において両者が同じ構造を有することを明らかにした（N・エリアスほか：大平章訳、1995）。その後スポーツは、イギリスの後を受け継いだアメリカという超大国がリードする形で発展していく。

アレン・グットマンは、近代スポーツと伝統的な身体競技を区別する特質として、①世俗性、②平等性、③官僚化、④専門化、⑤合理化、⑥数量化、⑦記録への固執の七つをあげており（アレン・グットマン：谷川稔ほか訳、1997）、今やアメリカを中心とする経済活動の流れに飲み込まれたスポーツは、「文化としてのスポーツ」から「商品としてのスポーツ」へ（佐伯、2006）と変貌を遂げている。本書は、柔道のスポーツ化と呼ばれる現象の実相を探るものであるが、本論で一般的に用いるスポーツ（あるいはグローバルスポーツ）は、グローバルな世界においてグットマンが示唆したような特徴を共有し、アメリカという超大国を通じて形づくられた、佐伯の指摘する商品としてコンテンツ化された身体活動を意味するものとする。

一方、イギリスのフットボールに象徴されるsportや柔道を除く我が国の武道種目など、ローカルな文化を基盤にした身体活動を伴う競技についてはエスニックスポーツまたはローカルスポーツとして区別する。なお、柔道については両義性（JUDOと柔道）があるため両者を使い分けることとなるが、我が国の武技・武芸を源流とする武道の歴史的側面を強調する場合は、身体運動文化という呼称を操作的に用いることがある。

さて、柔道のスポーツ化に関する論を始める前に、エスニックスポーツの変容とグローバリゼーションの関係を確認しておきたい。デヴィッド・ヘルド（中谷義和監訳、2002）は、グローバル化という現象についてこのように述べている。

「グローバル化は別に新しい現象ではない。この2000年間に、世界宗教の展開、発見の時代、諸帝国の拡大など多くのグローバル化の局面を認めることができる。そうではあるとしても、現代のグローバル化には、やはり何か新しいものがある。それは、いろいろな変化が一体となって、人々の活動に、つまり経済、政治、法、情報、環境に広く及んでいることである。」

確かに、歴史を振り返ればグローバリゼーションは文化や政治、生活圏の拡張という意味において、すでに近代以前にそのはじまりを求めることは可能であろう。しかし、デヴィッド・ヘルドが認めるように、この言葉が歴史上のグローバル化の局面と区別された新たな概念として、私たちに認識されるようになったのはそれほど古いことではない。

例えば、正村（2009）は、グローバリゼーションとは「地球的規模における相互依存の成立と深化」を意味するという。そして、その重要なファクターとして、①地球的相互依存の成立という客観的なメルクマール、②グローバルな意識という主観的メルクマールの両者が必要であると指摘し、この二つのメルクマールが実体化する近代に実質的な意味でのグローバリゼーションの起点を置いている。正村は、グローバリゼーションとは、「ヒト・モノ・カネの世界的な流れ」としてあらわれるが、その過程は世界が単に一体化していくという中立的な過程ではないという。それは、「生き残りをかけた諸社会の競争的な過程でもあり、支配や対立、そして排除を内包している」と述べ、「そのため、グローバリゼーションは、ある社会の発展が別の社会の崩壊を招くような『世界の不均等発展』として現われる」と指摘する。

現在、人気スポーツのほんどが、近代以降に、イギリスそしてアメリカという個別の国から発信され世界に普及・伝播したことを考えると、その過程はまさにsportという身体運動文化のグローバリゼーションである。正村の言葉を借りれば、それはスポーツにおける「世界の不均等発展」となる。このsportという身体運動文化におけるグローバリゼーションの過程には、イギリスやアメリカという超大国の政治的あるいは経済的な圧力が深くかかわっていることは間違いない。大英帝国の植民地において、イギリスの商人や軍人たちがサッカーのセールスマンとして機能したように、強大な軍事力・政治力・経済力によって土着の文化が駆逐されるような、いわゆる文化帝国主義[1]と呼ばれるような側面がそこにあることは否定できないのである。

多木（1995）は、近代スポーツの受容がローカルな身体運動文化に及ぼす文化帝国主義的な影響、すなわちローカルな文化の破壊を記号論的な分析を用いてこのように表現している。

「個々の文化に閉じた身体技法や儀礼には、その文化にそってしか理解できない慣習的意味がある場合が少なくない。」

「現代のスポーツのルールには、もはやこうした固有の文化に閉じた象徴的意味はない。この本来的な無意味さは、閉鎖した個々の文化の意味体系を洗い流した結果である。」

「ローカリティに縛られていた身体競技がスポーツ化するには、そうした地方性を脱しなければならない。つまりコードがローカルな文化的な意味や権力関係を完全に払拭して中性化した規則になったときにはじめて身体的な競争がスポーツになるのである。」

多木は、「エスニックな競技が国際的なスポーツになる過程」において、「スポーツのコードのエスニシティはいわば漂白されねばならない」と主張する。

また、寒川（1995）は、エスニックな競技と近代スポーツのコードを比較し、前者が「これを生み育んだ民族に閉じられた文化コード体系」であるのに対して、後者が「異文化に開かれた通文化的（クロスカルチュラル）コード体系」であると述べている。すなわち、ローカルな身体運動文化が近代スポーツに生まれ変わるとき、民族に閉じられたコードは通文化的なコードへと転換を余儀なくされるというのである。

松平（1995）は、このような民族特有の伝統文化が過去の役割や意味を失い、デラシネつまり根なし草のようになっていく状況を、熱物理学におけるエントロピーの法則を比喩的に用いながら「原初に存在したある体系をもつ『純粋な文化』が西欧化文化によって、エントロピーを増大し、系の無秩序性を増していく」と表現している。

二．嘉納治五郎が望んだ柔道のグローバル化

では、今回の研究の対象である柔道というエスニックスポーツの変容に関して、このグローバリゼー

ションの波はどのような影響を及ぼしているだろうか。永木（2015）が、丸島（2006）の伝えるところとしてこのようなエピソードを紹介している。それは、嘉納が競技ルールに限定された「スポーツ柔道」を指して、「これはわたしのめざした柔道ではない」と嘆いていたというのである。永木は、嘉納が柔道に求めたものはあくまでも「武術の習練を通した生き方の追求」であり、嘉納にとっては「『武術性』を抜きにして『武道』は存在しない」と述べている。嘉納の慨嘆は、自分が理想とする日本人の伝統的なエスニシティを継承した柔道が、競技スポーツとして発展する過程で、自らが想定していたコードのエスニシティすなわち「武術性」が見る間に漂白されていく現実に対して向けられたものであり、柔道におけるグローバル化は「武術性」の喪失として顕在化していると永木は指摘するのである。

やがて柔道はオリンピックの正式種目となる。その結果、嘉納の遺志を継承し「伝統的な日本を世界に発信するため」に、「自らの伝統的な文化コード体系を破壊」し続けねばならないという矛盾を抱え込む。藤堂（2007）は、現代柔道を「日本で生まれた柔道は今やオリンピック競技種目にまでなったが、実際は柔道が勝ち負けの評価で終わり、講道館柔道の文化的特性が失われつつあるのも事実である」と評している。これはまさにアメリカという国が中心となって展開したグローバリゼーションによって、我が国の「文化としての柔道」が失われ、「商品としてのＪＵＤＯ」に取って代わられたことを意味している。

このように、オリンピックスポーツとしての柔道に、近代化の過程における文化帝国主義的な側面を指摘する声は大きい。例えば、日本のエスニックスポーツであった柔道をより世界にわかりやすく、見栄えよく、マスメディアのコンテンツとして適したものに加工して提供するために、我が国の伝統的なイデオロギーを象徴する柔道着の白[2]を捨て、カラー柔道着の着用を認めざるを得なかったことなどは記憶に新しい。

しかし一方でアレン・グットマン（1997、203‐207頁）がこのように指摘している。

「文化の相互作用というものは全面的に力を持った者が全面的に力を持たない者を支配するというよりは、もう少し複雑なものである。」

そのうえで、グットマンはスポーツの伝播に関して文化帝国主義という言い方は最適ではないと指摘し、イタリアの思想家アントニオ・グラムシの理論を援用して文化ヘゲモニー[3]という語を提示した。グットマンは、文化ヘゲモニーも文化帝国主義同様に、送り手の意図性を含意しているとしながらも、被支配者の支配者に対する「競争心」に裏打ちされた抵抗をも含んだ相克の過程として位置付けている。スポーツの伝播の過程に文化帝国主義的な側面があることは間違いない。しかしそれは時として、反植民地感情を結晶させる機能や、民族解放運動を組織するうえでの基盤を提供するような動きを生じさせることもあり、その相克の過程の産物としてスポーツの伝播は位置付けられるというのである。L・トンプソン（2012）は、「近代スポーツの受容者は自分たちなりの意味づけでプレイしている」と述べ、元植民地の代表チームが旧宗主国を倒すことによって国威を発揚する場合や、柔道やカナダのラクロスのように国民間の力関係に逆らって普及したスポーツをその例として示している。

確かに、柔道の世界的な普及・発展の過程を見れば、それが文化帝国主義で片付けられるような一方的な力関係のみで把握できるものでないことは間違いない。まず、創始者である嘉納自身が柔道をグローバル化することに前のめりであった。しかも、嘉納は柔道をスポーツに含まれる種目としてではなく、柔道そのものをスポーツに並び立つグローバルな身体運動文化にしようと企てたのである。[4] 嘉納は、柔道をグローバル化の波に乗せようとしたのではなく、グローバリゼーションを柔道の体内に取り込もうと試みたと言えよう。

残念ながら、嘉納の目論見は完遂されることはなかった。柔道は、オリンピックを通じて見事にグローバルスポーツに取り込まれてしまった。しかし、現在の柔道が創始者の意図とは異なる発展を遂げたとしても、[5] 柔道が欧米からの政治的・経済的圧力とは別に自らの意志で近代競技スポーツに接近し、それらとの融合を主体的に利用することによって現在のポジションを手に入れたことは間違いない事実である。[6] それは、単にスポーツの文化的圧力に屈したというよりも、嘉納とその遺志を引き継ぐ人々のより積極的で主体的な行為であったと言えよう。

三．外国JUDO対日本柔道を超えて

嘉納が描いたグローバル化とは異なる形で近代化を果たした柔道だが、やがて欧米由来の種目が大多数を占めるグローバルスポーツのなかにあって、日本という出自をもつ種目としてその存在感を期待されるようになる。

例えば松本（1956）は、「柔道は純日本製の近代スポーツである。わが国で行われているスポーツの大半は輸入品であるが、純国産の柔道は逆に海外に輸出されて万丈の気を吐いている」と述懐している。この発言に見られるように、柔道がグローバルなスポーツにのめり込んでいく過程には、我が国の柔道関係者のなかにグットマンやL・トンプソンが指摘したような支配者すなわち欧米に対する「競争心」や、自国のアイデンティティを触発するような高揚感が底流していた。多くの日本人にとって、柔道の存在価値は常に欧米の優位性に対する反抗のシンボルとして意味付けられてきたのである。

しかし、皮肉なことに、柔道が日本というコードを破壊し続けねばならなかったのは、ほかでもない伝統的な日本を世界に発信するためであった。そのために、オリンピックに出場する柔道選手は常に欧米に対する完全なる勝利とその象徴である「金メダル」に呪縛され、銀メダル以下の入賞は「日本の敗北」として常に酷評されてきた。実際に、筆者はオリンピックで金メダルを期待されたにもかかわらず決勝で敗れた有名選手の「他種目では銅メダルでヒーローなのに、私は銀メダルで国賊ですよ」という苦笑混じりの述懐を知っている。

また、村田（2003）は柔道の国際普及にかかわって日本がヨーロッパの圧力に屈して譲歩してきたコード変化を多数指摘しつつ[7]、それらの矛盾を安易に受容した我が国の柔道家の姿勢を厳しく批判している。村田は、数々の競技スポーツ的な価値観に基づいたコード改変の提案に対し、我が国が発祥国として論理的な反論をなし得なかったのは、我が国の柔道家が、「嘉納師範がお創りになった―講道館柔道―」に対して「お前らに真の柔道がわかるか、余計なことをするな」というエモーショナルな拒絶反応に陥り、守旧的な考えと守りの態度に固執したことがその要因の一つであると言うのである。

このように、柔道の近代化の過程は文化の相互作用としてグットマンの指摘した文化ヘゲモニーの様相を呈しながら推移する。戦後、柔道は一貫して欧米中心の世界観に対するアンチテーゼという役割を演じながら、その一方でグローバルな発展のために伝統的コードの変容には目をつむり、耳をふさぐという、いわば理想と現実の狭間の葛藤のなかで現代に至る姿が形づくられていく。このことに関連して、スチュアート・ホール（1999）が次のような警告を発している。

「ポストモダンのグローバルな勢力によって、周縁の運動が非常に深いレベルで脅かされる時、自ら排他主義、防御的な飛び地に引きこもることもある。そしてその時点で、ローカルなエスニシティは国家的なエスニシティと同じくらい危険になる。」

この警告は、柔道の近代化の過程において垣間見える文化へゲモニー的闘争のなかで、グローバル化した柔道への批判として、村田が指摘したようにローカル側の守旧的態度への引きこもりが生ずることを示唆している。ひいてはそれが、エスノセントリズムやレイシズムと呼ばれるような危険な思想に結びつくことへの危険性をもあらわしている。

しかし一方で、スチュアート・ホールはこのようにも指摘する。まさに、そのときが「自分たち自身のエスニシティの再発見の瞬間なのである」と。スポーツ化によって柔道のエスニックなコードが脅かされることがなければ、つまり、柔道が海外への積極的な展開を行わず日本というローカルな殻に閉じこもっていたままならば、外来文化であるスポーツとの相対的な比較は行われず、結果として自らのエスニシティを掘り下げ、内面化する機会は訪れなかったかもしれないということである。スチュアート・ホール（1999、62頁）は前言に続き、このような指摘も行っている。

「私には、場所、過去の再発見、ルーツ、文脈の再発見というのは発話に必要な瞬間であると思われる。自らをどこかしらにまずしっかりと基礎づけることをなくして、周縁が発言することはできないと私は考える。」

スチュアート・ホールの指摘を裏付けるように、寒川（2014）が、日本が初めて大がかりなグローバル化を体験した明治時代後半にスポーツを取り込んだ武道という新しい身体運動文化が生まれ、その武道が盛んに「日本固有」を強調するようになった状況を以下のように述べている。

「江戸時代には武道武術の自国意識は顕著ではなかった。（中略）より進んでいた中国を尊ぶ唐風や、中国文化に根拠を求めるのが武道武術においても一般的であった。」

「武道武術を日本固有とするのは、それまでつきあった漢字文化圏とはまるで異質な欧米諸国との広範かつ頻繁な交流の結果、文字通りグローバルな文化比較が可能となり、そこから逆に日本を意識せざるを得なくなった近代に発生した現象である。」

「その代表は嘉納治五郎で、彼は彼が創始した柔道の母体である柔術に対し、明治20年代初めから執拗に中国伝来説を、もちろん歴史的な検証によって非難し、これが日本伝来であることを内外に訴える行動の背景にあったのは、彼の強い国家意識であったが、この状況は、当時の明治政府リーダーたちと共通する所であった。富国強兵的近代国民国家の実現には自国意識の形成は何より不可欠であったからである。」

寒川はこのように述べるとともに、近代日本人のアイデンティティとして喧伝された「大和魂」、続いて「武士道」というエスノセントリズム的な価値観が武道のなかに刷り込まれていく過程を詳細に解説しているが、このことについてはこの後の論のなかで触れることとしたい。

四．対話を生むためのスポーツ化論

今、私たちは明治時代をはるかに上回る質・量のグローバリゼーションの時代を迎えており、再び、スチュアート・ホールが指摘したような自国のエスニシティを問われる状況に直面している。グローバルスポーツの一員となった今であるからこそ、柔道に埋め込まれたエスニシティは、スポーツ化との関係においてその相対的位置関係をあらわにすることが容易となる。また同時に、グローバル化の著しい現代であるからこそ、柔道は自らの内部に底流するルーツやオリジナルな文脈の本質を検討し、内面化を図る必要性を問われている。

寒川（2014、359頁）も、「観光ビジネスに限らず、外から伝統文化が関心を持たれる時、武道によく見られる外国人の入門はその例だが、そこに日本文化としての固有性・真正性は戦略的に不可欠なのである」と述べ、近年、武道についての固有論が国際ビジネス戦略からの関心によって発生していることを指摘している。

しかし一方で、寒川（2014、343-347頁）はこのような警告も発している。寒川は、アメリカの人類学者ラルフ・リントンの「現在あるどの社会をとりあげても、その社会の成因によって発明された文化要素が文化全体の一割を超えるところは、おそらくないであろう」という言葉を紹介しつつ、近代武道の基盤のなかに中国文化や西洋文化が存在することは自明であると主張する。そのうえで、「純粋や固有といった概念が、学問的な問題としてよりも、むしろレイシズムやエスノセントリズムと関わる民族文化の問題として提起され、理解され、教育される傾向をもつ」ことを戒めるのである。

また、ノルベルト・エリアスもその著書のなかで、スポーツの「文明化の過程」に対する「非文明化の過程」として、サッカーのフーリガニズムを例にとりながら、スポーツは近代化する過程において学んだ自己抑制というものを忘れた瞬間に、容易に排他的な暴力と結び付いていくと述べている（N・エリアスほか：大平章訳、1965、328-391頁）。

そこで本書においても寒川やエリアスの警告について十分に意を用いることとし、戦前に巻き起こったようなエスノセントリズムや現代のレイシズムに結び付くような価値観を再構成したり、日本という国あるいは民族固有の純粋文化を外に向かって主張したりするような試みとならぬよう配慮したい。その研究の過程においては、昔日の柔道のスポーツ化論において陥りがちであったエスノセントリズム的なフィルターを除外しつつ、いかにそのエスニシティの実像に迫るかという点について十分な配慮が求められる。「それがどこに位置付けられているか」を検討し基礎付ける作業は、グローバル化の著しい現代社会において対話や交流を産み出すためのデフォルトとなってこそ重要な意味をなすのである。

本書は、柔道のスポーツ化という現象を単なるＩＪＦに象徴される外国人柔道実践者による文化破壊、すなわちＪＵＤＯ対日本柔道という文化帝国主義的な対立構造として捉えることを意図していない。また、当然のことながら、伝統的な価値観を称揚し、失われつつある日本文化を懐古するものでもない。柔道に内包されたエスニックなコードの変容を文化帝国主義的な圧力に抗する伝統的な柔道の姿として捉えるのではなく、競技スポーツとの相克のなかで生じた我が国の柔道そのものに生じた変化として日本人柔道実践者の「わざ」の実態を考究し、その伝統のもつ価値を発見するという射程を明確にしておきたい。

平尾（２０１９）が、ラグビー最古の国際大会であるシックスネーションズ(8)についてこのような文章を綴っている。

「シックスネーションズはとにかく観客の熱の入りようが違う。ロースコアでのクロスゲーム（接戦）が多いのも特徴で、堅実に勝利を追い求めるこのスタイルは歴史が関係しているという。」

「連合王国であるイギリスは領土の奪い合いや民族同士の争いを経て今日に至った。イングランドからの侵略と戦った国々は徐々に領土を侵され、やがて併合される。このとき流された血や涙、その無念さを選手や観客が背負っている。」
「半ば無意識的であるにせよ、国家としてのアイデンティティーに関わる物語を国民が共有しているからこそ、あの雰囲気が醸成されるのだろう。現地を訪れたサントリーの沢木監督は『独特のカルチャー』を感じたと表現していた。」
「試合のたびに、かつての名勝負や名選手について祖父母が孫に熱く語り、その語り口から、それぞれが住む土地の歴史、連合王国に統合されるまでの物語へと思いをはせる。」

平尾は、シックスネーションズにはかかわる人々の独自の捉え方があり、その捉え方はローカルな歴史を共有した国民の物語から醸成されていると指摘するのである。これは、その土地が背負ったローカルな歴史や風土という文脈が、ルールなどのコード体系だけではなく、「スタイル」という競技の実体をもコントロールし、実際にプレイをしない観客までもその波のなかに巻き込みながら、対話や交流を生み出すためのデフォルトとして機能する可能性があることを示している。

今回の研究では、柔道のなかに伝承されてきた「わざ」のなかに自国文化としてのアイデンティティを探る作業が必須である。それは、グローバル化の進展とともに欧米を発祥とする競技スポーツ一色に染められた現代の身体運動文化に対し、ローカルの立場から、意味ある発話を提供するための基盤を創出するものとして意義付けられる。そしてそれは、我が国の柔道あるいは武道のなかに閉じられた特殊性として解釈されるものではない。半ば無意識的に、いや無意識に底流するものであるからこそ、グローバリゼーションの波の水底にあってもなおローカルを起源とする世界のあらゆるスポーツ文化のなかに脈々と生き続け、折にふれてその姿を顕わにするエスニシティのきらめきに通じるものである。

第二節　スポーツ化論の起点

一．近代スポーツの基本的性格

スポーツ化と呼ばれる現象は、エスニックな身体運動文化のグローバリゼーションとして把握できる。柔道のスポーツ化はその典型であり、そこではエスニックな身体運動文化の一方的な破壊の側面ばかりが強調されがちであるが、一方で、グローバル化に対するローカルな事物のヘゲモニー闘争としても捉えることができた。それは、イギリスの主要なラグビー大会の一つであるシックスネーションズから生まれる人々の対話や交流に見られるように、ローカルな事物は自らのエスニシティを掘り下げ内面化する機会を提供するものであった。そこで、第二節を始めるにあたっては、まず、グローバルな近代スポーツとエスニックなスポーツを相対化するための基盤としてその根幹にかかわる特質について検討したい。

西山（２００６）は、近代スポーツの基本的な性格について、「英米というローカルな出生地に由来する独自性をもつと同時に、その独自性が世界帝国を構築した両国のものであることから、最初からグローバルなものとして成立したことを認めねばならない。要するに、スポーツという文化現象は、その端緒からローカルとグローバルの相互依存によって生み出された『グローカル』なものであった」と述べている。したがって、前章の検討を踏まえるならば、この研究の興味の対象となる柔道に内包されている伝統は、このスポーツにみる英米の「グローカル」な基本的性格との対比によって把握される概念である。多木（1995、80‐81頁）はこのように語っている。

「社会の近代化とともにsportなる文化を産み出したのはイギリス人の功績であり、それにオリンピックという象徴的イベントをあたえてスポーツがすでに娯楽の域を超えて社会ゲームのひとつ（したがって国際的な政治の審級でもあれば文化的な理想でもある）であることを可視的にしたのはフランス人であるが、そのスポーツを現代人に相応しい文化に仕立てたのはアメリカ人に他ならない。アメリカを通過することによって、スポーツは全くあたらしい水準で活動する社会の一要因となった。これをスポーツのアメリカナイゼーションと呼ぶなら、今日、われわれが享受し、参加しているスポーツの多くの特徴は、アメリカナイゼーション後のものなのである。」

「アメリカナイゼーションとは、たんにアメリカ生まれのスポーツないしヨーロッパ起源のスポーツのアメリカン・ヴァージョンが世界中に広まったことではない。大衆文化での文化の享受の仕方、したがってアドルノやホルクハイマーが嫌悪した大衆文化の産業化[9]のなかにスポーツなる身体運動文化が位置づけられるという認識が世界に広まったことである。」

現代のスポーツ活動は、それがイギリス発祥のものであろうと他国が発祥のものであろうとすでに単純な娯楽ではなく、ビジネスというシステムのなかに組み込まれた活動として私たちは享受している。そして、このスポーツ文化に対する新たな立脚点を、アメリカという強大な国が決定付けたと多

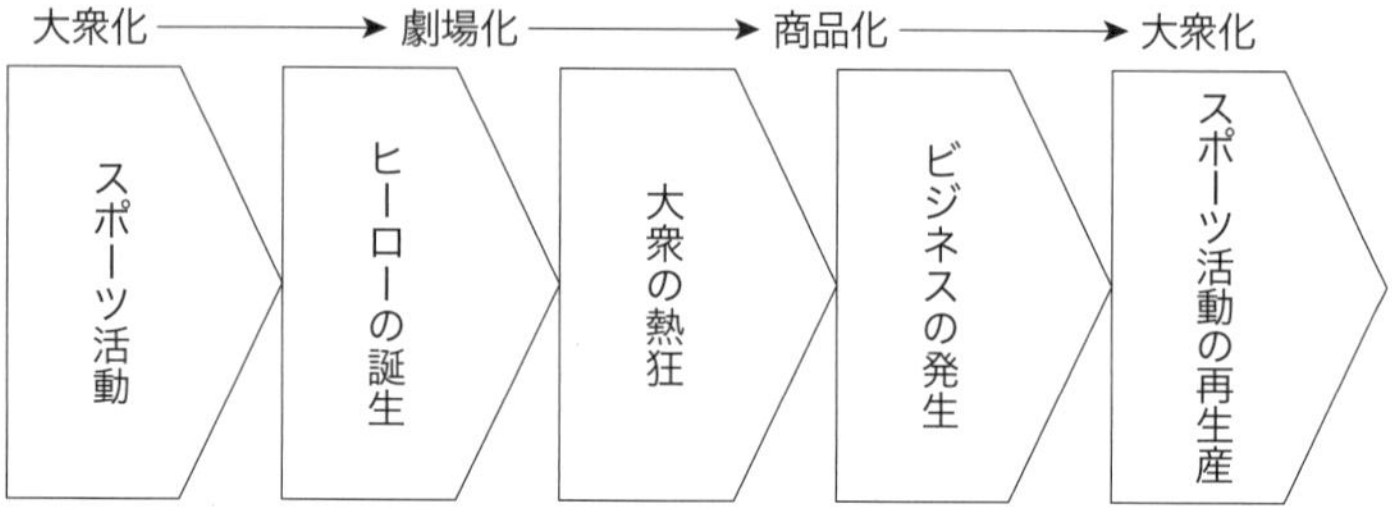

図1-1　アメリカ的スポーツの再生産

木は主張するのである。

多木（1995、80 - 94頁）は、アメリカ的スポーツの特徴を以下の三点で説明している。イギリスに始まるsportがエリート層のうえに築かれた文化であるのに対し、アメリカ的スポーツは「大衆を基盤として発達」したこと、「スポーツを巡っていろいろな形態でビジネスが発生したこと」、個人の活躍に焦点が当たる構造をもつために「スーパースターを生み、大衆の熱狂的な人気を攫う」こと[10]である。

つまり、「大衆化」されたスポーツ活動が創造され、そのなかに構造的に仕組まれたヒーローが誕生しやすくする仕掛けによってスポーツは「劇場化」される。そして、ドラマティックなシーンを大衆に提供することによって「商品化」されたスポーツは、熱狂的な消費意欲を喚起する。そこに新たなビジネス機会とビジネス戦略が生まれ、大衆化されたスポーツ活動はまた再生産されていく（図1 - 1）。

アメリカで創造されたスポーツ活動は、イギリス発祥のsportに芽生えた消費者マインドをエリート対象にするだけではなく一般大衆のなかに掘り起こし、情報メディアを中心としたビジネスを媒介にすることによって劇的に発展させたのである。このような一般大衆に消費されるコンテンツとしての機能を創出する源泉となるものを、本論ではグローバルスポーツに内在する「消費価値」と操作的に名付けることとする。

二　消費価値に対峙する伝統価値

今やスポーツは、イギリスという「文化をまとったsport」から、大衆を顧客とした消費スポーツ的な価値を期待される一大コンテンツとしての「商品化されたスポーツ」となった。

多木は、図1－1のような無限ループとしてスポーツ活動を位置付けたことにアメリカ的スポーツの本質的な性格を看取した。そして、このループがアメリカの国力を背景にスポーツ界を席巻することによって、大衆の消費活動と結び付いた現代のスポーツ競技が形成されたと主張する。現在私たちが目にするオリンピックを頂点とするチャンピオンスポーツは、まさにそれを様々な情報メディアを通じたグローバルな産業や文化の諸活動のなかで体現している。栗田（1999）は、グローバリゼーションを「世界が単一のシステムのもとにまとめられるようになった状態」であるとして、「東西対立の消滅、技術革新、情報革命による世界の一体化等明るいイメージでとらえられているが、本質は、資本による世界の統一である」と喝破している。そして、これはそのままスポーツのグローバリゼーションの本質でもある。

稲垣ほか（2009）は、現代スポーツをこのように語っている。

「われわれが近代と呼んでいるような時代は、政治や文化がそれぞれのナショナルなまとまりを作り、それぞれが組織のベースとなるような時代だった。」

「(現代は) ナショナルな政治の枠を超えて、国家の政治に代わる形で、もっとグローバルな秩序というものが表に出てくる、いわゆる『グローバル化』と呼ばれる状況ですが、そのグローバルな秩序の内実がじつは『経済』だ、ということです。」

「要するに、おおざっぱにいって、約200年のあいだの近代と呼ばれる時代は、世界が政治的に統治された時代だった。それに対していま何が変わっているかというと、政治的な統治を超えて、いまは経済的な次元があらゆるものを律する状況になってきています。」

「だから、スポーツを取り巻くさまざまな要素も、すべて経済レヴェルのことがらに条件づけられるようになってきた、それがいまの基本状況だと思うのです。」

現代のスポーツにおけるグローバル化の実体は、アメリカが主導するアメリカナイゼーションという基本的性格に由来し、その本質は「資本によるスポーツ文化の統一」にある。端的に言えば、スポーツは「娯楽」を「金」に換える「商品」となったのであり、その基本的性格はスポーツ愛好者をスポーツ消費者へと転換させる、いわば「消費価値」とでも言うべき特質に由来する。したがって、ローカルでエスニックなスポーツが現代においてその存在を主張しようとするならば、これら「商品」としてのスポーツを生成する「消費価値」との対峙を避けて通ることはできない。

スポーツにおけるグローバルとローカルの対峙がクローズアップされるとき、その論の定型は常に、アメリカナイゼーションを象徴する消費スポーツ的な価値とローカルな身体運動文化を特徴付ける「固有性」との葛藤に関する語りとしてあらわれる。この対峙の具体的対象となる「固有性」は、それぞれの身体運動文化の背景にあるエスニシティやナショナリティ等を源泉としている。エスニシティとは「集団に固有の伝統文化と結びついた象徴的行為や認識の体系」である。したがって、本書ではその根幹となる概念をエスニックスポーツに内在する「伝統価値」と操作的に名付け、アメリカナイゼーションされたグローバルスポーツの「消費価値」に対峙する概念として取り扱うこととしたい。

中嶋（２０１１）は、この柔道における「消費価値」と「伝統価値」の対峙の歴史についてこのように指摘している。度重なるルール改正やそれに対応した柔道スタイルの出現など、柔道の「スポーツ化にまつわる相克や葛藤は、『ＪＵＤＯ』という英文字表記が象徴するように、それは常に西洋化を含意した流れとして論が展開されてきた」と言うのである。さらに、中嶋（２０１８）は、武道のスポーツ化とは大衆化を目的とした消費スポーツに向かう動きが西洋化に重ね合わされたものであり、これに対して、「武道の特質はその修養性や伝統性（礼儀作法など）にあり、〈スポーツ化〉とは相容れないとする主張」を我が国の武道家は共有していると述べる。そして、「こうした〈スポーツ化〉との関係から、武道概念は今日も再生産され続けている」と指摘するのである（〈　〉は原文ママ）。

中嶋が示唆した通り、柔道のスポーツ化に関する言説は、イギリス発祥のスポーツの娯楽性や競技性が武技・武芸以来の伝統性に対置される「西洋化」として認識されるなかで展開されてきたことは間違いない[11]。そして、イギリスで生まれた競技スポーツの形式が柔道のプロパティに完全に組み込まれ、アメリカナイズされた消費スポーツとしての活動がデフォルトとなった現代において、近代に萌芽した「消費価値」と古来の「伝統価値」の葛藤は、「JUDO」対「柔道」の対峙として現代に至っても再生産され続けているのである。

さて、ここで目を向けねばならないのが、現代のアメリカ的スポーツに先鋭化しているような「消費価値」に対峙するものとして、柔道のどのような事物が「伝統価値」として措定されてきたのかという問題である。本書の直接のまなざしは、この二つの相克の過程を描くことではなく、近代化に伴って生じた「消費価値」と交わることによって再認識された「伝統価値」の内実と、その変容を明らかにすることに向けられている。次節においては、このことに関する先行研究を概観してみたい。

第三節　武道の伝統を疑う

一．文化的アイデンティティは自己中心的

藪（2011）は、「近代国民国家は、絶えずさらされ続ける他者からの眼差しのなかで、特殊性や独自性をことさら強調しながら自国の文化を形成するが、とりわけ近代日本は、ほとんど常に西洋と東洋の狭間で自文化を定位してきた」と述べている。まさにその先鞭を付けた一人が柔道の創始者である嘉納治五郎であろう。

藪は、嘉納の高等教育機関における学びや欧州留学などの豊富な海外体験で培った国際感覚が、逆説的にナショナル・アイデンティティへの問いかけに繋がったと述べている。嘉納は1882年（明治15年）に創始した柔道において、「旧来の柔術とは違う柔道の『合理性』『近代性』を説いた」一方で、「柔道が日本古来の武芸・武術の伝統に根ざすものであることも強調した」（井上、1998）のである。つまり、柔道を「新しい時代への適合性（伝統との非連続性）と古い伝統とのつながり（連続性）をともに主張しうる」身体運動文化であるとして、「近代社会にふさわしいマーシャルアーツであると同時に、近代化にともなう社会変動のなかでなおかつ変わらない日本人の民族的・文化的アイデンティティを象徴する活動」（井上、2004）として展開したのである。

したがって、柔道の「伝統価値」を推定するためには、武道界においてはじめてその存在に目覚め

た人物である嘉納治五郎が、何を伝統として想定し自らの柔道に取り入れたのか明らかにされねばならないだろう。

そこで、嘉納が想定した伝統の中身を検討する前に、まず「伝統価値」という概念について、井上が指摘する文化的アイデンティティというものに注目しながらその輪郭を明らかにし、それが成立する前提条件について考えてみたい。そのうえで、これまでの論においてスポーツの「消費価値」に対置されてきた柔道（あるいは武道）の「伝統価値」を概観し、その論拠の妥当性や合理性を検討してみよう。

「伝統価値」という語の輪郭を探るためには、井上の言葉にもある「文化的アイデンティティ」という概念に注目する必要がある。文化的アイデンティティとは、「国や地域、宗教や民族などと結びついた伝統や慣習によって支えられた、集団的なまとまりを持つ心性、およびそこへの帰属感」（梶谷、2004）、あるいは「自分がある文化に所属している感覚（文化的帰属感）、あるいは意識（文化的帰属意識）」（鈴木、2008）である。同種の文脈で用いられるナショナリティ（国民性）やエスニシティ（民族性）よりもやや広い意味合いで用いられる傾向にある言葉であるが、おおよそ単一の民族による国民国家である日本にとってはこれらの語はほぼ同義と捉えてよいだろう。

この文化的アイデンティティによって、民族や国家という固有の色やベクトルを付与された事物の質的総体が、ローカルな身体運動文化における「伝統価値」を形成する。スチュアート・ホール（1999、42-43頁）が、この「文化的アイデンティティ」についてこのように述べている。

「文化的アイデンティティはかなり自己中心的で、まったく排他的で排外主義的な形のものと定義されるといっておかねばならない。
「他の人々すべてを知ると、自分は彼らとは違うことがわかる。その意味でアイデンティティとは、否定という狭い視野を通して初めて肯定に達するような構造的な表現である。」

これは逆に言えば、我と他は異なるという「否定」につながらないような汎用的な概念は、文化的アイデンティティを構成する要件を満たすことができないということである。それはすなわち、文化的アイデンティティを源泉にしたローカルな身体運動文化の「伝統価値」に、他者との識別性やそのものの固有性が要求されることを意味している。柔道のスポーツ化を語るうえで「消費価値」に対置されるべき「伝統価値」を検討する際に、このスチュアート・ホールが与える示唆は非常に重要である。

そこで本題に入る前に、これまでのスポーツ化に関する言説において語られてきた「スポーツ観」が、どのような「伝統価値」とのつながりを踏まえたものであったのか、スチュアート・ホールの指摘を念頭に置きながらその解釈の妥当性も含めて検討しておきたい。

二．武士道精神は伝統なのか

まず、柔道（あるいは武道）の「伝統価値」に関する典型的な把握パターンに、武技・武芸の担い手であった武士とのつながりを強調し、そこに含まれる倫理観を選択的に捉えて対比しようとする考え方がある。一般的な呼び方として「武士道精神」と言い慣わされる価値観を強調し、称揚する考え方である。

寒川（2014、259頁）によれば、武道に「武士道精神」の涵養を期待する考え方は、戦前の軍国主義における「天皇赤子の臣民心性」の涵養として始まったとされるが、現代において前近代的な「武士道」の復活が声高に叫ばれることは少なくなった。しかし、寒川（2014、270頁）が、戦後に占領軍による民主化政策によって「消滅したのは明らかな忠君愛国だけで、残りはそっくり引き継がれた。いな、忠君愛国とセットであった皇祖建国尚武さえ、武道憲章の『武道は、日本古来の尚武の精神に由来し…』という漠たる表現の中に生き続けている」と語ったように、そこに含まれた価値観を現代的な倫理に通じるものとして主張する考え方は今でも潜在的に根強いものがある。

例えば、文部科学省が発行する柔道指導の手引（三訂版）には、「武道指導の考え方」という項において、「武道には特有のものの見方考え方」があるとして、「武道では伝統的に精神的な面を尊重する考え方が重視」されており、「試合などの前の高ぶる気持ちを抑えたり、試合などにおける激しい攻防の後、まだ心理的な興奮が静まっていないときでも、その興奮を抑えて、正しい形で丁寧な『礼』を行うことが求められます」と示されている（文部科学省、2014）。さすがに、文部科学省が発行する指導の手引きに、あからさまな「武士道」という前時代的な言葉が用いられることはないが、手引きが示す「武道特有のものの見方考え方」の示す価値観が商人や農民等のものではなく、当時の武士階級の行動規範（すなわち武士道）のイメージが投影されていることは容易に察することができるだろう。

田中（2005）はその著書のなかで武道についてこのように述べている。

「武道の競技においては、今日も、正しい過程を経て立派に勝つことが求められているのである。勝利のために姑息な戦術を用いたり、反則規定を逆手に取ったりするようなことは許されないのである。」

そして、武道には「名を惜しみ、恥を知る」黙示的なルールがあるのに対し、「主にプレーを楽しむために制定されたスポーツ・ルールにおいては、まず明示的ルールの確立こそが優先される」と指摘する。田中もさすがに武士道という言葉こそ用いてはいないが、「名を惜しみ、恥を知る」とは、まさに一般にイメージされている「武士道」概念に沿った言葉であろう。

しかし、ローカルな身体運動文化における「伝統価値」という視点で見た場合、田中の指摘は大きく二つの矛盾を孕んでいる。一つは、先に述べた「伝統価値」の識別性や固有性の問題である。エリック・ダニング（1998）は、初期のイギリスのスポーツの形態において、すなわちエスニックなイギリスのsportには「達成や競争」よりも優先される「フェアプレイのエートス」が存在したことを指摘し、「達成と競争が『フェアプレイ』と敵との一体感の間のバランスを協調することによって和らげている」と語っている。

しかし、これはスポーツに見られるような明文化されたルールとして存在していたわけではなく、まさに武道における「名を惜しみ、恥を知る」と同じレベルの黙示的なルールとしてプレイヤーをコントロールしていたと考えられる。したがって、黙示的なルールによってコントロールされることをもって、我が国の武道の「伝統価値」を安易に結び付けることには慎重にならねばならない。

また、ダニングは、「フェアプレイのエートスを保持するために激しい緊張を生み出し、資本主義の支配的な形式によってそのエートスが阻害」されていると述べ、この黙示的なルールがアメリカナイズされた形式によって現代のスポーツでは覆い隠されているとしている。しかし、これら「フェアプレイ」のエートスは、現代スポーツにおいて完全に消失してしまったわけではない。アメリカナイズされたスポーツの影響力のもと日常的には潜在化しているが、何らかのふとした契機に触発され、それらの黙示的なルールが顕在化することは今でも珍しくはない。

例えば、2018年のサッカーワールドカップロシア大会において、対ポーランド戦で日本代表が試合終盤で採った時間稼ぎの戦術に対し、ルールに則った行為であるにもかかわらず「恥ずべき試合」という非難の声がヨーロッパを中心に各国から沸き起こったことは記憶に新しい（日刊スポーツ、2018）。また、2019年に行われた韓国とコロンビアの親善試合においては、ゲームをリードしていた韓国側の選手の長時間にわたる治療行為を時間稼ぎと捉えたコロンビアのFW選手が激高し、イエローカードを出されたという出来事が報道されている（サッカーダイジェスト、2019）。

日本のプレーに非難の声を上げた人々やコロンビア選手は、明文化された反則や誤審に対して怒ったわけではない。「フェアプレイの重視」という暗黙の了解を侵犯したことに対する怒りを表明したのである。これらはまさに、イギリス流の「名を惜しみ、恥を知る」黙示的なルールの発露による言動であったのではないか。このような黙示的なルールの支配はローカルなスポーツに共通して見られるものであり、それは決して武道の固有のものではない。

また、ルールの存在という問題に関して、多木（1995、108頁）は、「スポーツは『現実の模倣』ではない」として、「格闘的スポーツでさえ現実に殺し合う戦闘の模倣ではなく、身体行為は隅から隅まで『ゲームの規則』によって人為的に構成されている」と述べている。そのうえで、「合意されたルールに従うことを合理的とみなす点では、典型的に規範的社会のモデルである」と断ずる。すなわち、多木の指摘に従うならば、たとえ明示的であろうと黙示的であろうと、ルールを合理的なものとみなす考え方を共有している点において、スポーツも武道もともに近代の産物であることに違いはない。共有された規範に従うということ自体に、すでにグローバルスポーツへの移行というベクトルが看取できるのである。

三．武士道は近代の創作

田中の指摘に見られる今一つの矛盾は、武道とセットで語られる「武士道精神」そのものの問題である。端的に言うならば、「武士道精神」の冠に用いられている「武士道」については、その「伝統価値」としての存在基盤そのものにかなり危うい面が指摘されている。

このことについては、19世紀後半〜20世紀初頭の日本研究家バジル・ホール・チェンバレン（1935：高梨健吉訳第6版）が、著書の「日本事物誌」において「武士道―新宗教の発明―」という文章を著し、その中で興味深い洞察を提示している。チェンバレンは、武士道を20世紀の忠君愛国という「新宗教」であると評し、それは当時（大正~昭和初頭）の日本の官僚組織が欧化主義への抵抗として意図的に創り出した思想であると喝破している。彼は、武士道が近代のものである証拠に、それが１９００年以前は誰にも知られていない概念であることを、ケンペル、シーボルト、サトウ、ラインなど著名な日本研究家が誰もそれに言及していないという事実をもとに指摘する。そのうえで、この新宗教としての武士道は専ら外国人用の説明としてつくりあげられていると記すなど、第三者の目で鋭い洞察を提示しているのである。

このチェンバレンの洞察がかなり冷静で的を射たものであったことは、我が国の武士道に関する研究においても明らかである。例えば、菅野（２００４）は、今日私たちが武士道として認識している用語は新渡戸稲造が１９００年にアメリカで刊行した著書「武士道」（原題 "Bushido, the Soul of Japan"）において語った新しい明治武士道であり、「新渡戸の語る武士道精神なるものが、武士の思想とは本質的に何の関係もない」と述べている。菅野は、武士道が一般人の道徳とは大きく異なった戦士の思想であり、平和の民にはおよそ想像を超えた異様な道徳であるという。そして、それは本来戦闘者として乱世を生き抜いてきた武士の精神そのものをあらわす「士道」であったと主張している。江戸期に完成された近世武士道は、「士道」に含まれる戦闘者としての精神を継承しつつ、儒教的概念体系を活用することで、それらを太平の世にふさわしい為政者の人倫道徳として再構成したものであるというのである。そして、両者はともに「武士みずからが、より優れた武士になることを目ざす営み」であって、現在、「武士道精神」として語られるような一般人の道徳とはまったく異なるものであると菅野は断じている。

一方、新渡戸の「武士道」に象徴される明治武士道については、寒川（2014、219-260頁）が、「天皇の武士道、忠君愛国の武士道、建国尚武の武士道」であり、西久保弘道（1863-1930）らが明治後半以降に先導した思想であると述べている。それは、近世武士道の徳目を引用しながら、その全体の意味付けとベクトルを武士から神格化された天皇へと変えた政府推奨の国民道徳であり、やはり思想として武士の世の「武士道」と近代の「武士道精神」は隔絶したものであるという。

これらの知見を総合するならば、現在私たちが「武士道精神」として把握する概念は伝統と言えるほど古いものではなく、それはあくまでも我が国の近代化の過程においてあらわれた新しい思想であると言えるだろう。

もちろん、武士という階級は存在したし、その階級特有の倫理観である「士道」が存在したことも間違いない。しかし少なくとも、現在の武道に付随してイメージされる「武士道精神」は、軍国主義や国粋主義のもとにエスノセントリズム的な色彩を散りばめるために、武士階級の倫理観の外形を都合よく拝借して創造された新しい価値観を起源としている。我が国が、本来の意味でローカルであった頃の武士の価値観を継承するものではないのである。むしろ、それは日本がグローバルな世界の一員となるために創り上げた言説であり、ホブズボウムの言う「創られた伝統[12]」そのものである。

戦前の一時期に武道がそれを思想的なバックボーンとして取り込んだという事実があるにしても、近代の所産である「武士道精神」の称揚をもって、安易に「伝統価値」の軸足を定めることには違和感をもたざるを得ない。

四.「勝利追求よりも人間形成」は日本オリジナルか

次に、柔道（あるいは武道）の「伝統価値」に関する把握の最もポピュラーなものを取り上げてみたい。グローバルスポーツの「消費価値」の源泉をその競技性に基づいた勝利至上主義や成果主義におき、それに対して武道の修養重視の徳育主義的な側面を「伝統価値」として対置するという認識パターンである。いわゆる教育的側面や道徳的価値観の強調であり、「礼に始まり礼に終わる」など礼法を遵守する行動として象徴的に語られる文脈を想定していただきたい。

これは先に述べた「武士道精神」の涵養に深くかかわることでもあるが、少なくとも、現代の武道では、文部科学省の姿勢に見られるように「武士道」をあけすけに前面に押し出すことは稀である。いわゆる武士道に見られた忠孝や仁義などの倫理観は、礼法という行動様式をとおして克己の心や相手への尊敬等の徳目へとすり替えられている。すなわち、武道とスポーツでは競技に対する実践者のマインドが異なり、武道はスポーツに見られるような勝利を唯一の目的とする競技ではなく、勝つことよりもある種の倫理観の獲得を重視する教育的な文化であるという主張である。この主張は、現代の学校教育に色濃く反映されている。中学校学習指導要領（平成29年告示）解説保健体育編（文部科学省、２０１８）にはこのような記載が見られる（序章でも触れたが再掲する）。

「伝統的な考え方では、武道は、単に試合の勝敗を目指すだけではなく、技能の習得などを通して、人間形成を図るという考え方があることを理解できるようにする。例えば、武道は、相手を尊重する礼の考え方から受け身をとりやすいように相手を投げたり、勝敗が決まった後でも、相手に配慮して感情の表出を控えたりするなどの考え方があることを理解できるようにする。」(144頁)

確かに、現代の武道全般に修養を重視する「徳育主義」と呼ばれるような教育的色彩があり、勝利の獲得競争が前景化されるスポーツとは相容れない面があるのは間違いない。例えば、学習指導要領には「伝統価値」に関することとして「相手を尊重する」「相手に配慮する」「感情の表出を控えたりする」などがあげられている。そして、「礼」という考え方にからめながら、いわゆる尊敬、思いやり、克己の心といった徳目の定着による人間形成という基本姿勢が武道にあることが明記されているのである。

しかし、寒川が指摘したように、「武士道精神」のsubstitute(代用品)として近代的な徳目や倫理観をもち出し、それらを「礼法」という行動様式に込めたとしても、そもそも、ここに列挙されている「相手を尊重する」「相手に配慮する」「感情の表出を控えたりする」などの徳目や倫理観に、我が国の伝統に連なるような明瞭なオリジナリティは見出せるのだろうか。むしろこれは、近代民主主義を掲げる国ならば事柄を問わず尊重すべきモラルに属するものである。「礼」という現代武道が重視する概念を強調しても、それが「尊敬の心」や「克己の心」など万国共通の汎用的な徳目のあらわれならば、欧米由来のエチケットやマナーあるいはフェアプレイの精神などスポーツマンシップとの違いを明確にすることはできないのではないか。少なくとも、それをもって我が国の伝統とのつながりを主張するにはあまりに説得力がない。

そもそも、勝利至上主義と異なる文脈は、イギリス発祥のsportにも見出すことができる。中村（1981）が、このような論を展開している。イギリス生まれのサッカーは、『双方無得点』か、あるいは『同点』に終ることが少なくないことを、暗黙に、しかしはっきりと前提にして」おり、ゲームの結末として「引き分け」が認められていることから、「ルールが決めているように90分間走りまわっても、その努力は高く評価しながら、しかし、サッカーがその得点の多さを競うものではない」（傍点は原文ママ）ということを暗黙のうちに了解しているというのである。中村は、エスニックスポーツとしてのサッカーは、本質的に勝利至上主義的なものではないと主張する。

「もしも試合における勝敗こそが特に重視されるべきことがらであったのであれば、得点が0対0に終ることも少なくないような技術構造をもつスポーツを創り上げるはずがない。」

「0対0で終ることが少なくないということは、明らかにそれでもよいとした考えが深く根を下ろしていることを示している。」（傍点は原文ママ）

中村はこのように述べるとともに、これらサッカーに見られる考え方の背景に、上流階級の「社交の精神」というイギリスのsport特有の「伝統価値」を指摘する。社交としてのsportが「勝敗を重視することなく、また、勝敗にこだわらず、むしろ約束やマナーを守ること、あるいはフェアーに、堂々と全力をつくしてプレーすることなどのほうを大切にしてきた」というのである。

このようなイギリス的sportの性格が、社会的にはブルジョアジーと労働者階級の融和を推し進め、いわゆる「スポーツマンシップ」と呼ばれる考え方につながるとともに、パブリックスクールにおいて、近代教育としての「スポーツによる教育」を築き上げる礎となったことは想像に難くない。19世紀のイギリスにおいて、すでにsportのなかに民主主義の時代に即した教育価値が見出され、今やそれは体育やスポーツ教育という形で普遍化され一般化されていることは、我が国の学校教育の例を見るまでもなく世界的な常識である。

このことからしても、「徳育主義」的な性格すなわち人格育成機能が我が国の武道にしか見られない特徴であるという主張は論理的ではない。現代武道が主張する「徳育主義」は、近代社会を担う民主的で道徳的な人格の形成というスポーツの教育的側面によって説明されている。その意味では、現代の武道教育は、本来理想的な武士を育成するために存在した修養の輪郭のみを援用した、実質的にはイギリス発祥のスポーツによる教育にほかならないと言えば言い過ぎであろうか。少なくとも、「消費価値」の母体となる「競技性」と相容れない価値観は、すでにイギリスのエスニックスポーツにも見られるもので、識別性や固有性という点でこれをもって柔道（あるいは武道）の「伝統価値」と断言するほどの説得力はもたない。

五．武道の礼法は近代的な道徳

武道の「伝統価値」を「徳育主義」に求める際に、必ずと言っていいほど引き合いに出される礼法についても、現代の柔道で想定されている礼法が伝統という冠で語れるものであるのかという点において疑問が残る。

これは、一般に「礼に始まり礼に終わる」という慣用句で知られる行動様式であるが、先に示した中学校学習指導要領（平成29年告示）の解説保健体育編に見られるように、武道の伝統性は、「克己の心」や「相手への尊敬」という徳目の育成にあり、それは礼法という身体技法として表出されると考えられている。つまり、礼法という身体行動様式が伝統性を担保するという主張である。

しかし、武道の伝統性を安易に礼法に集約することに対しては批判の声もある。例えば、中村（2007）は、礼法について相手を尊重する姿勢や公正な態度の重要性は説明されているが、具体的に「伝統的な行動の仕方」との結び付きは何一つ示されていないと述べている。[13] 先にも述べたとおり、少なくとも現在の学習指導要領が示す礼法には、「克己の心」や「相手への尊重」など汎用的な道徳的価値観が関連付けられているだけで、そこに自国の伝統とのつながりを示すような論拠はまったく示されていない。

また、柔道を創始した嘉納治五郎についても、現代の武道で盛んに用いられる「礼に始まり礼に終わる」という言葉のように、礼法に道としてのアイデンティティを求めるような言論や著作は見当たらない。礼儀というものの道徳的重要性を認識しつつではあるが、「今日のような忙しい世の中では、礼儀のため、大切な時間を取られてしまうようなことになっても困る」と述べている文章まで存在する（嘉納、1935）。

武道授業における「礼法」については、有山ほか（2019）が興味深い指摘を行っている。有山ほかは、我が国の伝統的な武家礼法を伝える小笠原流弓馬術礼法の修行者を対象に質問紙調査を実施し、「礼法」の要諦が「他者意識」、「効率性の重視」、「状況に合わせた判断」の三因子で解釈できることを明らかにした。そのうえで、伝統的な「礼法」は現代人が理解しているような人と人が交わす挨拶のみを意味するのではなく、武技・武芸の「技」の修練を日常生活の所作に位置付けた身体行動様式として理解するのが的確であると指摘する。(14)

ここで、伝統的な「礼法」の内容に深入りすることは差し控えるが、少なくとも、現在武道学習で行われている「礼法」は近代教育の道徳観を表現した行動であり、伝統的な「礼法」とは本質的に異なり、あくまでもスポーツ教育としてのＪＵＤＯの特質であることが示唆されるのである。

誤解のないように述べておくが、確かに、武道と古来の武士が習練した武技・武芸との間には歴史的な継続性があり、それらに自己修養的な価値観が存在したことは間違いのない事実である。また、柔道をはじめとする現代武道が、礼法というものに教育的意義を認め、またそこに自らのアイデンティティを求めていることも間違いないし、それは誤った考え方ではない。しかし、それはあくまでも武道における現代的な対応であるという前提を忘れてはならない。

永木（２００８）は、武道というものを、武力としての「術」が必要でなくなった時代にそれを消滅させようとする外圧（欧化主義等）に抵抗し、さらにはそのような潮流を乗り越えようとして「理論武装」あるいは戦略的な「適応」を図った運動文化として捉えている。この指摘は、近代化とともに衰退の危機にあった武道が、その自己修養的な性格を近代的な道徳教育へと巧みにすり替えることによって自らの存在意義を担保し、その保存と継承に成功したことを意味している。

永木（2008、181頁）は、柔道が、武技がなくなった時代において近代教育としての「学校」に正科として位置付くことで生き残りをはかり、第二次大戦後のGHQによる武道禁止という危機を、やはり学校柔道の復活によって切り抜けたと述べている。この過程において、武家の「礼法」は伝統という装いのみを残しながら内実は近代的で汎用的な道徳観の表現として生まれ変わったのである。このように、武道の「伝統価値」を最も象徴していると考えられる「礼法」についても、その伝統としての基盤は甚だぜい弱と言わざるを得ない。

ここまで、柔道（あるいは武道）の「伝統価値」として措定されてきた概念や考え方について批判的に検討を重ねてきた。しかし、「黙示的なルールの存在」、「武士道精神の称揚」、「勝利至上主義とは相容れない文脈」、「修養重視の徳育主義的な側面」、「道徳的態度の発露としての礼法」など、現代の武道において典型的に見られる主張はいずれも、近代の創作としてホブズボウムの言う「創られた伝統」であったり、他とは区別されたオリジナリティという点で問題があったりした。これらを、グローバルスポーツの「消費価値」に対するエスニックスポーツの「伝統価値」に比定する考え方を鵜呑みにするには、あまりにも課題が多い。

では、これまで繰り返されてきた定型的な論を一旦留保したうえで、現代の柔道のなかに新たな「伝統価値」を定位することは可能なことであるのか。このことについては、次節において検討を行ってみたい。

第五節　伝統文化と武道の「わざ」

一．技から「わざ」へ

「侍の子は侍の親が育てて、武士の道を教ゆるゆえに武士となり、町人の子は町人の親が育てて、商売の道を教ゆるゆえに商人となる。」（近松、１９２３）

生田（２００７）は、江戸時代の浄瑠璃戯作者である近松門左衛門の言葉を引用しながら、生活や所作のなかに「型」を失った現代社会の平板で意味希薄な教育的状況について言及しつつ、このように述べている。

「しかしながら、そうした社会にあって、独自の『型』をかたくなに守り、また子どもや若者にそれを伝えていく努力をしている人たちが存在することに注意を向けてみようではないか。伝統芸道あるいは武道といった領域での『わざ』の伝承を目指している人たちの存在である。」

スポーツ化という現象は、グローバルスポーツを特徴付ける「消費価値」と、エスニックスポーツが内包する「伝統価値」の対比を基盤としている。つまり、柔道のスポーツ化言説は、近代化により抱え込んだ「消費価値」に触発される過程で生じた「伝統価値」への再認識が、欧米に浸食される日本への危機意識を誘発する論として形成されてきたものであった。

そこで問題となるのが「伝統価値」というものの内実である。従来のスポーツ化言説において「伝統価値」に比定されてきた黙示的なルールの存在や武士道精神、礼法、徳育主義の解釈等については、前節での検討においてその根拠の脆弱さや基盤の曖昧さが明らかとなった。これらは、いずれも武技・武芸の時代から継承した外見を装っていたとしても、その内実は近代の産物であり、ホブズボウムの言う「創られた伝統」そのものである。したがって、柔道のスポーツ化の実体が、グローバルスポーツの「消費価値」に対するエスニックスポーツの「伝統価値」の抵抗や葛藤の動態であるならば、その実相を論じるためには、前提として正しく柔道の「伝統価値」の所在を見極めねばならないだろう。

ここで注目すべきものが、先に生田が指摘した「伝統芸道あるいは武道といった領域での『わざ』の伝承」である。「わざ」とは、物理的なtechniqueやskillとしてあらわされる動きではない。生田が近松門左衛門の言葉を引用して示唆したように、伝統的な文化や慣習を背景にしたエスニカルな動きや技を意味し、武道の「わざ」はその典型である。

すでに序章において、これまでの柔道のスポーツ化に関する論が、ＪＵＤＯの欧米的な価値観が日本柔道の伝統的な価値観を駆逐していくという定型のなかで、価値観の変化にシンクロして変容する動きや技の問題に対しまったく問いかけをしてこなかったことを指摘した。冒頭の生田の指摘は、この課題に対し有力な解を示唆する契機が、文化としての動きである「わざ」に含まれることを示唆している。

朝日新聞デジタル版「論座」に興味深い署名記事がある。２０１９年10月に行われた天皇即位礼正殿の儀における天皇陛下と皇后陛下の所作に関する内容である。矢部（２０１９）によれば、およそ15分間の高御座における儀式の中継映像において、皇后陛下は緊張のためか頻繁にまばたきをされていたのに対し天皇陛下は瞬きをほとんどされず、それは秋篠宮様においても同様だったというのである。矢部はこれをこのように解釈している。

「天皇家に生まれるとはこういうことか。そう思った。」
「まばたきをしないトレーニングなどあるはずがないから、これはきっとどんな時も平常心でいるトレーニングの賜物なのだろう。プライベートはもちろん、通常の公務だけでなく、『儀式』でも平常心。トレーニングという言葉に語弊があるなら、天皇家に生まれ、天皇の子どもとして育てられるうちに、自然とできるようになる。そういうことではないかと思った。」

ここで述べられている天皇陛下の「まばたきをしない」という所作は、単なるmovementやactionとしてあらわされる動きではない。「まばたきをしない」ことは、天皇家という極めて特殊な文化や伝統の蓄積によって形成された動き、すなわち「わざ」であると矢部は指摘するのである。本書が柔道のスポーツ化を検討するにあたって、「わざ」の変容に注目する所以がまさにこの指摘に凝縮されている。

二．「わざ」を磨くことによって至る「道」

日本文化における「わざ」の問題について、湯浅（１９９０）が興味深い指摘をしている。湯浅は、世阿弥が著した有名な芸道論である「風姿花伝」の「問答條々」の末尾にある「時分の花、声の花、幽玄の花、かやうの条々は、人の目にも見えたれども、その態（わざ）より出で来る花なれば、咲く花の如くなれば、またやがて散る時分もあり。（中略）この物数を極むる心、即ち花の種なるべし。されば花を知らんと思はば、先づ種を知るべし。花は心、種は態（わざ）なるべし。[15]」という文章を取り上げ、その中の「態（わざ）」という語に注目しつつ世阿弥の主張についてこのように述べている。

「『わざ』は直接には演技の意味であるが、一般化していえば身体のあり方を示すものであり、『身体』の正しいあり方がまず先に会得されるべきであり、それを通じてはじめて『（芸の）心』の正しいあり方がひらけてくる。」（傍点は原文ママ）

「心の本来のあり方をとらえるためには、心を身体より先行させる日常ふつうの見方を逆転して、反対に、まず身体の『形』を先立ててから、『心』というものの本質的な、あるいは本来的なあり方を探求してゆかねばならない。」

「真の心、すなわち花の心は、身体の正しい『形』としての『わざ』を、稽古によって会得することを通じて新しく獲得される。」

また、湯浅は世阿弥の芸道論のほかにも道元の禅や空海の真言密教の修行を例にとりながら、文化としての身体の形、すなわち「わざ」を整えることによって「心」の本質に迫るという特徴的な考え方が、我が国の芸道や仏教において見られることを示唆している。

これと呼応するかのように、寒川（2014、54-143頁）が武道の「わざ」についてこのように指摘している。我が国の武技・武芸に見られる修養重視の「徳育主義」という色彩は、中国の儒教や道教、仏教などの考え方を根本とするが、それら「心」の有りようを説く論理は「技」の極意とかかわって位置付けられるのが特徴であるというのである。寒川（2014、261-268頁）は、江戸時代に完成した武技・武芸を「バイオレンスの技術向上の実現という目的のために、かえって宗教の心の修養を手段とした文化」と呼び、このように指摘する。

「技の学習には、技そのものの習練とともに、技を技たらしめる理を存知しておくことが要請され、そしてこの理の理解と内面化に専ら禅仏教と道教の『心』の修養法が導入された。」
「ここで注意すべきは、こうした営みごとの全体が、儒学的な修身（修身斉家治国平天下の修身）ではなく、ひたすら武の技の向上に向けられていたことである。」
「心は儒、仏、道のそれぞれにおいて最重要概念として論じられたが、そうした仏家、儒家、道家に由来する心の文化が、日本の武術伝書に、技の極意と関わって現れる。」

寒川は、「日本では、技の問題を心の問題と見る方法が採用された」と述べ、武技・武術の伝書に頻出する修練言説である「事理一体（じりいったい）」という語を用いてこのように解説している。

「事は技、理は、森羅万象つまり形あるもの（形而下の事）に普遍の秩序を与える形而上的原理（シュレーディンガー方程式といった自然科学の法則ではなく、儒仏道がいう思弁的神秘主義的な宇宙秩序）の意味であり、そして事と理は不即不離の関係にあるとされた。」

そのうえで、寒川は、「心法武術[16]は、敵をみごとに殺す技術の習得と発現に禅仏教や道教の心の修養を導入したところに成立した」と述べ、武術・武技における儒教・道教・仏教に由来する心の文化が、「技」の極意として伝わっていると言うのである。さらに、寒川は古代と中世において「技」の専門世界は「道」と呼ばれたと述べている。その「道」を極めることを技術の問題に終わらせず、「心」の修行として最終的に安寧盤石な精神的境地に結び付けるのが我が国の武技・武芸の特徴であるが、そこに至る手段は心の修養ではなくあくまでも「技術の追求」にあったと指摘するのである。

この指摘は、武技・武術の「わざ」が、「事理一体」という特徴的な考え方をとおして、修養や徳育主義というスポーツ観と一体となった化合物として存在することを示唆している。武技・武芸において、「技」の発揮と「心」の発現は不可分の領域にある。真理としての「心」に至る道程は究極の「技」の追求によって保証され、「心」に至らぬ「技」は道に外れたものとして排除される。このような「心」の問題に有機的につながった「技」が、本書で問うところの「わざ」である。

三．現代に生きる「わざ」の身体観

生田（1987）は、「わざ」に関して三つの身体観が存在すると述べている。第一の身体観は人間の身体を「物体」、あるいは「機械」として捉える、キネシオロジーやバイオメカニクス研究の身体観。第二はデカルトの心身二元論哲学に代表される「心」と「身体」を別個の独立した実体として捉え、「心」が主体的に「身体」をコントロールすると考える、「心」のあらわれとしての身体観。そして第三が「心」と「身体」は不可分であるとする「心身合一論」に基本をおいた身体観である。

「かつて武道は、心技一如の教えに則り、礼を修め、技を磨き、身体を鍛え、心胆を練る修行道・鍛錬法として洗練され発展してきた。」

序章で示した現代における武道概念を謳った「武道憲章」の前文にこのような文章がある。生田の言う第三の身体観は、我が国の武技・武芸が伝統として育んできた身体観であり、それは現代スポーツにも継承されている。

2015年の大相撲において、横綱・鶴竜（当時）の立ち合いの変化の多用に対して、多くの賛否が寄せられた（朝日新聞、2015）。また、2018年には、横綱・白鵬（当時）の荒っぽい「かちあげ」や「張り差し」を多用する立ち合いに対して、「横綱相撲ではない」、「美しくない」、「見たくない」など多くの批判が巻き起こり、横綱審議委員会から自覚を促す発言があったという（朝日新聞、2018a、2018b）。いずれの場合も、大相撲を格闘的スポーツとして見ている者からは、「勝つための工夫は当然あって然るべき」と肯定されたのであるが、大方の議論においては、競技ルールのうえでは認められた技が、横綱にあるまじき姑息な、あるいは乱暴な行為として批判された。この言説に対して私たちは何の疑問も感じないが、よく考えていただきたい。競技者の「技（事）」の問題が、横綱の品格すなわち「心（理）」の問題として当然のように語られたのである。なぜ、「技（事）」の問題が「心（理）」の問題に転化されたことに違和感を覚えないのだろうか。

逆の事例もある。2020年3月、不注意な行動により新型コロナウイルスに感染した阪神タイガースの伊藤隼太選手の談話において、このような発言があった（スポーツニッポン、2020）。

「プロ野球選手である以上、グラウンドで取り返していくしかないと思っています。（中略）姿勢とプレーで示していくしかない。そう思っています。」

日本人であれば、何ら違和感のないメッセージである。しかし、注意深くこの発言を考察していただきたい。伊藤選手は「（プレイに関連のない）生活態度の改善をプレイの向上で見せる」という本来辻褄の合わない主旨を述べているのである。このようなメッセージが違和感なく受容される背景には、「技（事）」の問題が「心（理）」の問題に直結するという常識が私たちのなかに存在することを物語っている。

「技」と「心」を不可分のものとして捉える「事理一体」という考え方は、現代に至っても武道を縛り続けている。我が国のスポーツ活動では、心理的な競技力が発揮されてよいパフォーマンスが見られた場合に「心技一体」という言葉が用いられるが、それは伝統的な「心技一体」とは微妙に異なる現代的な用法と言えるだろう。また、武道の特徴とされる修養や徳育主義についても、運動やスポーツ「活動」に含まれる内在的価値が人格陶冶を促すというスポーツ教育的な捉え方ではなく、「技（事）」の在り方そのものが「心（理）」を規定すると考えるような、ある種の身体技法の教育として捉えることが必要である。武道にとって、「技（事）」を究めることは「心（理）」を究めることなのである。

四.「わざ」は伝統をまとった文化的な動き

現在の武道は学校教育に導入され、保健体育科の重要な学習領域の一つを構成している。しかし、現在の学習指導要領を見る限り、伝統的な考え方や行動の仕方と柔道や剣道の技能は別個のものとして扱われ、両者の関連について言及したり学習内容として提示したりする記述は一切見られない。武道の伝統である「心技一如」と言われるような心身合一論的つながりにはまったく配慮がなされていないのである。[17]

このように、心と技術を切り離して語ること、あるいは語ることが可能となったこと自体が柔道（あるいは武道）の近代化を示唆するものであろう。その意味では現在の学校教育で実施されているものはエスニックスポーツとしての柔道ではなく、まさにグローバルスポーツとしてのＪＵＤＯであると言えば過激に過ぎるだろうか。しかし、エスニックスポーツとしての柔道が古来の武技・武術の系譜に連なる文化である以上、「事理一体」という考え方に裏付けられた「わざ」の問題は、柔道にとって修養や徳育主義をも包含した「伝統価値」にかかわる問題なのである。

柔道を含めた武道において心の修養や徳育主義的なマインドを語るとき、身体的な動きの形（かたち）の熟達をその前提として問うのが伝統である。「わざ」の問題を語ることなしにスポーツ観に言及することはできないとする構えのなかに、武技・武芸から武道が受け継いだ伝統的な在り方の重要な側面がある。それはとりもなおさず、柔道の「伝統価値」がその「わざ」のなかに凝縮されていることを意味している。

先に、柔道のスポーツ化を探求する課題として、①価値観の変化にシンクロする問題として運動の中核にある動きや技の変容を取り扱うこと、②柔道という身体運動文化自体の構造を問うために、外国人実践者ではなく、我が国の実践者の動きや技の変容を問うことを指摘した。それは「文化としての動き」である「わざ」を対象化することによって達成される。

繰り返しになるが、「わざ」はskillやtechniqueであらわされるような無機質な動きではない。自国の風土や文化が培ってきたローカルな価値観、すなわち伝統価値を含んだ「文化としての動き」である。そして、それは柔道という身体運動文化の構造にかかわる問題として、まぎれもなく古来の武技・武芸という遺伝子を受け継いでいるはずであろう我が国の柔道選手の「わざ」の問題に直結する。柔道のスポーツ化へのまなざしは、「わざ」の問題として記述することによって新たな地平を獲得するのである。

■注

(1)西山（2001）は文化帝国主義を「土着の文化を犠牲にしてまで外国の文化の価値や習慣を高め、広める政治力と経済力の効用」と説明している。

(2)中村（2007）は、稽古着の「白」に対するこだわりに伝統と言えるほどの歴史的な根拠はなく、「白」が強く打ち出されたのは講道館柔道が「白」を採用していたことに起因するに過ぎないことを指摘している。その証拠に、他の柔術諸流派では幕末の頃から師匠と弟子あるいは上達の階級を示すために「黒」や「紺（藍）」など稽古着の色を区別していたことを明らかにしている。

(3)グットマン（1997、7‐8頁）は、これまでのスポーツの伝播についての議論は「文化帝国主義」という概念を用いて描かれてきたが、むしろそれは、アントニオ・グラムシが用いた、（強制や恐怖による服従や支配と異なり）人々の合意による権力の掌握を意味する語としての「ヘゲモニー」という概念を用いることが的確であると述べている。

(4)永木（2015、156頁）は、「『嘉納が柔道をスポーツ化した』というのが定説であったが、それは正確な言い方ではない。『嘉納は柔道を普及させるために、一部を競技化したに過ぎない』と言うのが本当のところではないか」と述べ、「スポーツとイコールの柔道ではなく、スポーツとの文化的差異が明らかで、かつスポーツを凌駕する柔道の創造を求めたと考えられる」と指摘している。

(5)永木（2008、139頁）は、晩年の嘉納の手紙を紹介するなかで、柔道が単なるスポーツやゲームと差別化された人生哲学であり芸術であり科学であると考えており、「現時点での私の見解は、柔道がオリンピック種目となることにむしろ消極的である」ことを紹介している。また、そのうえで嘉納が柔道のすべてをスポーツ化する意志がなく、「柔道はオリンピックに参加せず独立して独特の世界連盟をもつことを考えて国際化する、とみた方が正しい」という見方を採用している。

(6)柔道がオリンピック種目になったことが契機となって、急速にスポーツの世界に巻き込まれていくことは周知の事実であるが、永木（2008、180‐188頁）は、それ以前に柔道が戦後GHQの武道禁止令に対して、「柔道は競技スポーツである」という便法を最大限に活用して復活を試み、実際に競技として確立するためのルールや組織の在り方を改善しようという動きを示したことを指摘している。

(7)村田（２００３）は、１９６１年から２００１年に起こった柔道のエスニシティに関わるコード変化として、以下の一〇点をあげている。

①体重別の導入（１９６１年）／②有効・効果の導入（１９７３年）／③ロスタイムの導入（１９７９年）／④ＩＪＦ（国際柔道連盟）段位認定（１９８１年）／⑤ＩＪＦ会長落選（１９９５年）／⑥ブルー柔道衣の導入（１９９７年）／⑦抑え込み時間の短縮（１９９７年）／⑧試合場の狭間サイズの導入（１９９９年）／⑨女子の白線入り黒帯の使用禁止（１９９９年）／⑩ゴールデン・スコア方式の試験的導入（２００１年）

(8)シックスネーションズとは、ヨーロッパで行われる六カ国対抗であり、イングランド、スコットランド、ウエールズ、アイルランド、フランス、イタリアが総当たりで争われ、１８８２年から続くラグビー界で最も古い国際大会である。後に加わったフランスとイタリアを除く四カ国では１４０年近い歴史を有する（平尾、２０１９）。

(9)Ｍ・ホルクハイマー、Ｔ・Ｗ・アドルノ（徳永恂訳、１９９０）は、「映画やラジオはもはや芸術であると自称する必要はない。それらが金儲け以外の何ものでもないという真理は、逆に金儲け目当てにつくられたガラクタを美化するイデオロギーとして利用される。映画やラジオは自ら産業と名乗り、映画会社や放送会社の社長の収入額が公表されると、出来上がった製品の社会的必要性についての疑念などは、どこかに吹っ飛んでしまう。」と酷評し、「全世界が文化産業のフィルターをつうじて統率」されており、「常に経済的強制を反射しているイデオロギー選択の自由は、どの分野においても常に同一なもの（das Immergleichen）への自由でしかない」と指摘している。

(10)多木（１９９５、84-94頁）は、野球、アメリカンフットボール、バスケットボールというアメリカを代表するスポーツ種目を例にとりながら、これらのスポーツが大衆のなかに熱狂的なファンを獲得した背景に、観客の目を（ピッチャーとバッターのように）二人の対決に焦点化できること、それによってわかりやすい物語が生まれること、攻守が分かれているためプレイが理解しやすく応援もしやすいこと、室内で行えるようになり一年中プレイが可能になったこと、身体接触の禁止により女性の参加が容易になったことなどをあげている。

(11)中嶋（２０１１）は、武道のスポーツ化と称される言説の成立は、戦後になって突然あらわれた言説ではなく、西洋化という文化問題を孕む危機として、明治以来の近代化に対する自国のアイデンティティの問い直しとして批判的に形成されてきたと述べ、柔道は創設当初から、その競技性ゆえに、武術・武技の系譜を受け継いだ古武道との比較において、常にスポーツ化の批判にさらされてきたと指摘している。

(12)エリック・ホムズボウムら（前川啓治・梶原景昭ほか訳、１９９２）は、伝統というものを「通常、顕在と潜在を問わず容認された規則によって統括される一連の慣習」であり、「反復によってある特定の行為の価値や規範を教え込もうとし、必然的に過去からの連続性を暗示する一連の儀礼的ないし象徴的特質」と定義する。そのうえで、伝統というものは私たちが想像するよりも意図的・人工的に創作されがちであることを指摘し、「近代『国家』を主観的に作り上げたものの大部分は、そうした構築物によって成り立っているし、それらは（『国家史』等のように）固有でかなり最近の象徴あるいは適度に作り直された言説に結びついている」ことを詳細に論証し、「こうした意味での伝統の『創出』を経験していない時代や地域はおそらくはないだろう」と述べている。

(13)中村（２００７）の指摘は、平成20年改訂の学習指導要領に示された内容に基づくが、平成29年に示された現行の学習指導要領においても、「礼法」に関して具体的な「伝統的な行動の仕方」は示されていない。

(14)有山ほか（２０１９、91頁）は、小笠原流弓馬術礼法における「礼法」とは、常に戦時を想定しながら「いつ、どのような状況におかれようと対応できる実用的な身体の操作法」を「日常の所作」として組み上げ、その中に『礼』という概念に見られた美意識を位置付けたもの」と述べている。

(15)「花」とは世阿弥の能芸術理論の中核をなす概念であり、能に宿る命であり面白さ・珍しさと一つである（木野、２００５）。

(16)心法武術とは、「バイオレンスの技術向上の実現という目的のために、かえって宗教の心の修養を手段とした文化を、しかし、当時の人たちがイーミックに何かある言葉によって表現したことはなく、また今日の研究者が分析のためにエティックに概念を造語して、これに当てたこともない」ために、寒川が名付けた造語である。

(17)中学校学習指導要領（平成29年告示）解説保健体育編には、技能の内容の解説として「柔道は相手と直接組み合って、基本動作や基本となる技、連絡技を用いて相手と攻防をしながら、互いに『一本』を目指して勝敗を競い合う運動である。第1学年及び第2学年では、相手の動きに応じた基本動作や基本となる技を用いて簡易な攻防を展開できるようにする。」と記述され（第一学年及び第二学年）、その後、相手の動きに応じた基本動作や基本となる技について例示を用いた解説がなされているが、その後の「思考力、判断力、表現力等」や「学びに向かう力、人間性等」の学習内容との関連性についてはまったくふれられていない（文部科学省、２０１８、１４５‐１５４頁）。

■引用・参考文献

・朝日新聞（２０１５）どう思いますか：10月21日付け、16頁．
・朝日新聞（２０１８ａ）白鵬 横綱総見で「張り差し」：1月6日付け朝刊、13頁．
・朝日新聞（２０１８ｂ）白鵬、批判かわした：1月15日付け朝刊、15頁．
・A・グットマン：谷川稔、石井昌幸、池田恵子、石井芳枝訳（１９９７）スポーツと帝国―近代スポーツと文化帝国主義―．昭和堂、３‐４頁．
・有山篤利、竹内友季子、籔根敏和、山下秋二（２０１９）武道授業における伝統的な「礼法」の探索的検討．講道館柔道科学研究会紀要、17：87‐１００頁．
・綾部恒雄（１９８５）緒論／エスニシティの概念と定義．綾部恒雄編．文化人類学2―民族とエスニシティ―．アカデミア出版会、13頁．
・バジル・ホール・チェンバレン：高梨健吉訳（１９３５）日本事物誌第6版（１９６９年発行）．東洋文庫、86‐１０２頁．
・近松門左衛門（１９２３）山崎與次兵衛壽の門松．近松門左衛門全集8巻．春陽堂、85頁．
・デヴィッド・ヘルド：中谷義和監訳（２００２）グローバル化とは何か―文化・経済・政治―．法律文化社、ｉ頁．
・エリック・ダニング（１９９８）近代スポーツの発展とグローバリゼーション．日本スポーツ社会学会編．変容する現代社会とスポーツ．世界思想社、２１８頁．
・エリック・ホブズボウム、テレンス・レンジャー：前川啓治、梶原影昭ほか訳（１９９２）創られた伝統（文化人類学叢書）．紀伊國屋書店、９‐28頁．
・平尾剛（２０１９）国家の歴史を背負う最古の大会．知って楽しむラグビー学．２０１９年2月20日付け朝日新聞夕刊．
・生田久美子（１９８７）わざの理解．岩波講座教育の方法、８．岩波書店、76‐１０７頁．
・生田久美子（１９８７：２００７新装版）「わざ」から知る．東京大学出版会、１‐21頁．
・稲垣正浩、今福龍太、西谷修（２００９）近代スポーツのミッションは終わったか―身体・メディア・世界―．平凡社、１

61-163頁.
・井上俊（1998）近代日本におけるスポーツ武道．日本スポーツ社会学会編．変容する現代社会とスポーツ．世界思想社、231頁.
・井上俊（2004）武道の誕生．吉川弘文館、119頁.
・梶谷真司（2004）文化的アイデンティティとグローバリゼーション—社会現象学的考察—．帝京国際文化、17：121-152頁.
・金子明友（2002）技の伝承．明和出版、38頁.
・嘉納治五郎（1935）乱取の練習および試合の際における注意．柔道6巻6号．嘉納治五郎体系3巻．本の友社、290頁.
・栗田禎子（1999）グローバリゼーションの時代—中東からの視点—．日本の科学者、34（9）：23-27頁.
・リー・トンプソン（2012）イギリスから世界へ．井上俊・菊幸一編．よくわかるスポーツ文化論．ミネルヴァ出版．145頁.
・正村俊之（2009）グローバリゼーション—現代はいかなる時代か—．有斐閣、2-5頁.
・松平誠（1995）比較文化論序説．山口修、齋藤和枝編．比較文化論—異文化の理解—．世界思想社、2-25頁.
・松本芳三（1956）世界柔道の花開く．中等教育資料、5（7）：7頁.
・丸島孝雄（2006）講道館柔道対プロレス初対決—大正10年サンテル事件—．島津書房.
・M・ホルクハイマー、T・W・アドルノ：徳永恂訳（1990）啓蒙の弁証法—哲学的断想—．岩波書店、181-261頁.
・水野聡（2005）現代語訳風姿花伝．PHP研究所、20頁.
・文部科学省（2014）学校体育実技指導資料第2集 柔道指導の手引（三訂版）、5-9頁.
・文部科学省（2018）中学校学習指導要領（平成29年告示）．東山書房、115-131頁.
・文部科学省（2018）中学校学習指導要領（平成29年告示）解説保健体育編．東山書房、143-147頁.
・村田直樹（2003）柔道の歴史（現代・国際化）．入江康平編著．武道文化の探求．不昧堂出版、126-128頁.
・永木耕介（2008）嘉納柔道思想の継承と変容．風間書房、44頁.
・永木耕介（2015）柔道とスポーツの相克．菊幸一編著．現代スポーツは嘉納治五郎から何を学ぶのか．ミネルヴァ書房、

１５５‐１９０頁．
・中嶋哲也（２０１１）武道のスポーツ化言説とその系譜―近代日本の武道概念史―．早稲田大学博士学位論文．
・中嶋哲也（２０１８）近代日本の武道論〈武道のスポーツ化〉問題の誕生．国書刊行会、５２８‐５３１頁．
・中村民雄（２０１０）中学校武道必修化について―我が国固有の伝統と文化をどう伝えるか―．武道学研究、42（３）：１‐９頁．
・中村敏雄（１９８１）スポーツの風土．菊幸一編．中村敏雄著作集6 スポーツの比較文化学．創文企画、10‐48頁．
・西山哲郎（２００１）差異を乗り越えるものとしてのスポーツ―スポーツにおける文化帝国主義とグローバル文化の可能性―．スポーツ社会学研究、９：１０６‐１１８頁．
・西山哲郎（２００６）近代スポーツ文化とは何か．世界思想社、30頁．
・日刊スポーツ（２０１８）日本―ポーランド戦ラスト10分に海外も様々な反応．https://www.nikkansports.com/soccer/russia2018/news/201806290000675.html（２０１９年３月18日参照）
・N・エリアス、E・ダニング：大平章訳（１９９５）スポーツと文明化―興奮の探求―．法政大学出版局．
・野瀬英豪、野瀬清喜、三戸範之、小室宏二（２０１２）国際柔道連盟による戦略的改革．国際経営・文化研究、16（２）：45‐56頁．
・佐伯年詩雄（２００６）現代スポーツへの眼差し．菊幸一、清水諭、仲澤眞、松村和則編著．現代スポーツのパースペクティブ．大修館書店、11‐21頁．
・サッカーダイジェストWeb版（２０１９）「え？ 親善試合なのに？」韓国の時間稼ぎにファルカオが激高！ なんと救急箱を豪快に投げ捨てて…．https://www.soccerdigestweb.com/news/detail/id=56274（２０１９年３月27日参照）
・寒川恒夫（１９９５）第5章遊び．山口修、齋藤和枝編．比較文化論―異文化の理解―．世界思想社、１０３‐１２８頁．
・寒川恒夫（２０１４）日本武道と東洋思想．平凡社、２６１‐２６８頁．
・スチュアート・ホール（１９９９）ローカルなものとグローバルなもの―グローバル化とエスニシティ―．A・D・キング編：山中弘、安藤充、保呂篤彦訳．文化とグローバル化．玉川大学出版部、41‐66頁．
・スポーツニッポンWeb版（２０２０）．https://www.sponichi.co.jp/baseball/news/2020/04/23/kiji/20200423s0000

1173192000c.html（2020年4月30日参照）
・菅野覚明（2004）武士道の逆襲．講談社現代新書、10‐31頁．
・鈴木一代（2008）海外フィールドワークによる日系国際児の文化的アイデンティティ形成．ブレーン出版．
・多木浩二（1995）スポーツを考える．筑摩書房、107‐120頁．
・田中守（2005）武道―過去・現在・未来―．日本武道館、41‐47頁．
・藤堂良明（2014）柔道―その歴史と技法―．日本武道館．249‐304頁．
・矢部万紀子（2019）雅子さまが即位礼正殿の儀で見せたまばたきに思う．朝日新聞論座．https://webronza.asahi.com/culture/articles/2019103000007.html?page=1（2019年2月21日参照）
・薮耕太郎（2011）柔術の起源論を巡る言説上の相克．有賀郁敏、山下高行編著．現代スポーツ論の射程．文理閣、117頁．
・湯浅泰雄（1990）身体論．講談社学術文庫、131‐138頁．

第二章

「柔の理」とやわらの「わざ」の創造

第一節　柔よく剛を制す「わざ」

一．「道」の教育の本質と「わざ」

ここまで、スポーツ化という現象がＪＵＤＯのなかに見られるグローバルな競技スポーツとしての側面に由来する「消費価値」と、柔道を特徴付けるローカルな武道としての側面に由来する「伝統価値」の相克として把握できることを確認した。その後、先行研究を批判的に検討したうえで、これまでの柔道の「伝統価値」に比定されてきた事物や概念に代わり、新たに文化としての動きである「わざ」へのまなざしの必要性を指摘してきた。

柔道など我が国の武道における「わざ」は、古来の武技・武芸より受け継いだ技の発揮と心の発現を不可分なものと捉える「事理一体」という考え方に基づいており、グローバルスポーツにおけるskillやtechniqueとは区別される文化的な動きである。「事理一体」とは、「技の稽古という実践と道理の思索とが、両輪のごとく調和して営まれなければならない教え」である（金ほか、２０１４）。武道にとって技という形而下にあらわれる動きの質や方向性は、心の問題である形而上の道理によって方向付けられ制御されるものであるのと同時に、その道理の正しさは洗練された動きの質によって担保されるのである。

このように、我が国の武のわざの極意は仏教・道教の思想と融合し、やがて心の修養体系に一体化していく点に大きな特徴がある。武技・武芸を継承した武道の導く境地は、正しい道理によって裏付けられた理想的な動きは仏教や道教が示す心を踏まえた「わざ」としてあらねばならず、同時にそれは日常生活において道徳的に洗練された振る舞いとなって具現化されねばならないという、我が国独特の「事理一体」の世界観に帰結する。これが武道の修養や徳育主義と言われるものの本質であり、我が国オリジナルの「道」と呼ばれる身体教育の根幹である。

大保木（2020）は、武技・武芸の世界において、この「わざ」の極意を初めて言語化し概念化するとともに、「事理一体」の境地を説いた人物として、剣術の新陰流の開祖上泉秀綱をあげ、次のように述べている。

「あくまで個人の技術の向上を目指し、奥義の会得はすべて個人の才覚にゆだねられていた殺傷術としての剣術に、『転《まろばし》』という原理を置いたのが、1508年から77年頃の戦国末期に現れた上泉秀綱である。」

「秀綱はまた、またこの原理は剣術の場に限定されるものではなく、日常での人と人との関係、人と社会との関係、そしてそれらを超越した人と天地自然との関係にも適用されるという新たな道を説いたのである。」

大保木によれば、上泉秀綱によって名人・達人という個人に蓄積されてきた技の極意は、武芸にいそしむ者すべてが共有できる術の原理として概念化され、さらにそれは単なる闘争の原理を超え、森羅万象を貫く形而上の心理や秩序へと読み替えられたと言うのである。

「事理一体」の実質的提唱者が上泉秀綱であるかどうかについてはさらに詳細な考証が必要と思われるが、少なくとも現代の武道にまで継承されている「事理一体」という極めて特徴的な価値観の萌芽がここに見られることは間違いない。

欧米発のスポーツでは、競技や練習にかかわる活動の効果として心の問題が位置付けられても、skillやtechniqueそのものが心の問題にリンクすることはない。スポーツによる道徳やマナーの教育と、武道の修養において得られる成果は同様の教育的価値であっても、その結果に至るプロセスはまったく異なる。このことは、我が国の「道」と呼ばれる教育方法の際立った特徴として特筆しておく必要があろう。武道における心の修養は、あくまでも「わざ」を「わざ」たらしめる原理原則の体得によって達成されるのである。

嘉納治五郎においても、自身の創始した柔道についてこのように述べている。

「乱取から始め形も練習することは順序としては適当ではあるが、同時にその乱取や形の根本原理を理解し、その原理を百般のことに応用する練習をし、習慣を養うことを怠ってはならぬのである。」

（嘉納治五郎、１９３０ａ）

「柔道の原理に基づいて一生の計を立てる。」（嘉納治五郎、１９３４）

嘉納は古来の柔術に近代思想[1]や競技スポーツを取り入れることにより近代教育に適応した柔道を確

立したが、その指導の枠組みはあくまでも古来の武技・武芸に見られた「事理一体」をそのまま踏襲しているのである。嘉納は柔術のすべてを近代化したのではない。近代的価値観を柔軟に取り入れることで換骨奪胎を図りながら、ハイブリッドな装いを「術」から「道」という形で巧みに見せる一方で、実質的には我が国の伝統的な価値観を柔道の根本原理に再構成して発信しているのである。語弊はあるが、見事な詐術である。

ここにおいて、新たな課題として「わざ」世界における原理原則の問題が浮上する。すなわち、柔道にも取り入れられた柔術の技は、どのような戦術的な原理原則によって生成されるのかという問題である。

二. やわらの「わざ」の理合い

さて、武道においては「わざ」の極意をあらわす原理は、一般的に術理や（技の）理合いという言葉で表現される（本論では、理合いという語で統一する）。理合いとは端的に、その術において、「よし」とされる動きを生むための戦術的な原理原則である。この研究の対象である柔道は、明治年間に嘉納治五郎が古来の柔術に創意を加えて編み出した格闘技である。したがって、その理合いを検討するためには、まず、その源流となった武技・武芸において「よし」とされる動きを生む戦術原理に言及する必要がある。

古来、徒手技能を中核とする格闘術に分類される武技・武芸は、一般に柔術や柔（やわら）などと呼称され、それらの術をあらわす冠に「柔」という語を用いることが通例となっている。[2]桜庭（1935：1984年復刻版）は、「他の武術は、多くはその使用する武器又は特殊の使用物によって、名付けられている」のに対し、「只だ、この柔術に於いてのみ、無手術或いは格闘術、組討術と云わずして、柔なる名称を付するに至ったのは、そこに或る意義がなければならぬ」と述べている。これは、我が国の徒手格闘技の技能体系は、「柔よく剛を制す」という言葉で知られる特徴的な戦術原理によって組み上げるのが理想となることに由来する。

この戦術原理は、古くから「柔の理（じゅうのり）」という名で呼ばれており、武術における「わざ」世界の理想を表現する際に、必ずと言ってよいほど持ち出される戦い方の様式である。柔道についても、ほかならぬ創始者嘉納自身が、「柔道は一言をもってこれをいえば、柔の理に基づいて心身を鍛練する方法である」（嘉納、1911）、「柔道は、柔の理を応用して対手を制する術を練習し、またその理論を講究するもの」（嘉納、1913）と述べている。このことからも理解されるように、嘉納は我が国に古くから伝わる徒手格闘技が伝統的に用いてきた「柔の理」を踏襲していることを明らかにするため、古来の定型通り自らの創始した術の頭に「柔」の字を据えたのである。

後に嘉納は、受動的な戦術原理である「柔の理」に対し自発的な攻撃原理としての欠点に注目し、「精力善用」という語によって柔道の「わざ」の理合いを説明するようになる。その経緯についてはこの後の節において詳述するが、嘉納は後年も「柔の理」を否定しておらず、その著述や講演録を見れば柔道の「わざ」の中核に「柔の理」が位置付けられていることは間違いがない。

三、海外を魅了したやわらの「わざ」

この「柔の理」と呼ばれる戦術原理に関しては、明治期に来日した外国人たちが興味ある著述を残している。例えば、日本研究家B・H・チェンバレンは、その著作『日本事物誌』において、我が国の柔術についてこのように記している（チェンバレン：高梨健吉訳、1969）。

「その指導的理念は常に極めて明瞭であった。すなわち、力と力で勝負するのではなく、力に屈することによって勝つ――つまり、柔軟性によって勝つことである。」

「柔術の過程の中には、締め付けることによって仮死状態を引き起こす種々の手段とか（中略）その他に肉体的訓練よりも、むしろ道徳的訓練に関した事柄が含まれている。」

チェンバレンは、「わざ」の問題にとどまらず、柔術（柔道）の「徳育主義」にもふれているのであるが、彼が柔軟性と表現したこの理念は、「柔よく剛を制す」という言葉によって一般に知られている「わざ」の理合い、「柔の理」を想定しながら解説した文章であることは明白である。

また、小泉八雲の名で知られる文豪ラフカディオ・ハーンは、その著書『東の国から』において、柔術（柔道）についてかなりの分量のページを割きながら「柔の理」に関する解説を試みている（小泉八雲：平井呈一訳、1975）。

「日本人には、個性というものがないとか、日本人の個性には、ある限界があるとか、心理学者がいかにその説を立てようとも、いやしくも一個の国家としては、日本は西欧の国家なんぞよりも、はるかに強大な個性をもっていることは、問題の余地がない。」

ハーンは、国家の制度や社会の文物を欧米由来のものに過激にアップデートしながら、日常の慣行など生活のデフォルトは昔のままという日本人に驚嘆し、その矛盾を平然とこなす国民性に欧米と隔絶された個性を見出している。そして、日本という国をこのように評した後、柔術（柔道）について、レスリングやボクシングとの対比を用いながらこのような指摘を行っている。なお、ハーンの言う柔術は、熊本第五高等中学校で出会った嘉納治五郎の講道館柔道を想定したものである。

「わたくしが、とくに諸君の注意をうながしたいのは、柔術の達人になると、自分の力というものにけっしてたよらないという事実だ。それじゃ何をつかうかというと、相手の力をつかうのである。敵の力こそ、敵を打ち倒す唯一の手段なのだ。つまり、柔術が諸君に教えるものは、勝利をうるには、かならず相手の力にのみたよれ、ということなのだ。」
「『柔術』という名称そのものが、すでに、『身を捨てて勝つ』という意味なのである。」
「柔術というものの真の驚異は、その道の名人師範の最高の腕前にあるのではなくて、じつは、そのわざ全体にあらわれている東洋独自の観念にあるということに気づかれたことだろうと思う。」

「力に手向かうに力をもってせず、そのかわりに、敵の攻撃する力をみちびき、利用して、そうして敵自身の力をかりて、敵をたおし、敵自身のいきおいをかりて、敵を征服する──いったい、こんな奇妙な教えを編みだしたものが、いままで西洋人のうちに、ひとりでもあっただろうか。」

ハーンは柔術（柔道）の極意の特殊性に驚嘆しつつ、それが日本人のエスニシティに深く関与しているとしてこのような大胆な推論を披露する。

「あの驚くべき国技、柔術によって、日本はこんにちまで自国を守りつづけてきたのだ。いや、現在も守りつづけつつあるのである。」

日本は、欧米の技術や文化をさして抵抗するでもなく、むしろ積極的に受け入れながらそれらを短期間のうちに我が物にし、さらにその（欧米から取り入れた）文化や技術を効果的に展開させてわずかの間に欧米の強国に肩を並べる国力を得た。この日本人のとてつもない柔軟性や受容力は、柔道の「わざ」の極意が日本人のなかに文化的スペックとして身体化され、日本の急激な近代化を推し進めるフォーマットとして機能したためであるという大胆な推論をハーンは展開しているのである。

欧米の先進的な科学や政治制度、文化を取り入れながら驚異的なスピードで成し遂げられた我が国の近代化と、相手の攻撃的な力や技を自らの内に取り込んで勝つ柔道の早業（わざ）は、かの文豪の目には二重写しの事象として捉えられた。そして、それが嘉納治五郎という教育者によって、学校教育の場で柔道をとおして浸透していく現場を目の当たりにし、驚きと彼なりの納得をもって記録されたのが先の文章であろう。

残念ながら、ハーンの提起した日本の近代化と柔道の極意の関連に関する推論の妥当性は検証すべくもない。しかし、寒川らが指摘する「事理一体」という考え方（第一章第五節）が、当時の武道（あるいは柔道）に継承され共有されていたならば、武道家たちがその「わざ」の修練に、我が国の近代化を推し進める基盤としての修養を重ね合わせていたとしても不思議ではない。すなわち、「柔よく剛を制す」わざを磨くことと、欧米の強大な文化・経済・技術に逆らうことなく利用する態度は、当時の武道の修行者や経験者にとってはまさに「事理一体」そのものであった。嘉納はこのように述べている。

「精力の最善活用主義によって無用な争いを止めさせたい。無用な争いがどれほど国民を疲らせているかわからぬ。」（嘉納治五郎、１９２２）

「精力最善活用は生活万般のことの憑拠となるべきであるから、飲食・睡眠・休息・運動等においても、知徳の修養においても、寸毫の違算もなく、この主義にもとづき実行してもらいたいのである。」（嘉納治五郎、１９２５）

「柔道はこれを善用すれば、国家発展の原動力となり、一歩あやまれば、後世に害毒を流さぬと保証はできない。」（嘉納治五郎、１９２８）

「嘉納は、現在一般に考えられているような、運動による心理的・教育的な効果として徳性を涵養することとは微妙に異なる理論を展開している。」

「端的に言うならば、『柔道の技術論』によって『望ましい行動様式』を組み上げると言うのが嘉納の主張である。」

このことを裏付けるように、嘉納（１９３０ｂ）は、「国民精神を養う為には、外国の真似をした体育ではなく、自国に発生した体育を以てすることを必要とする。日本で日本魂を養はうと思へば、外国から教へて貰った体育を以てすることは不適当である。必ず日本独特の体育を以てせねばならぬ」と述べているのである。

また、永木（２００８、４１６‐４１７頁）は、この嘉納の意図した柔道による教育についてこのように解説する。

「嘉納が形成した『教育価値』の基本的構造をみれば、ほとんど柔術のもつそれを脱していない。」

「嘉納は、世界をみつつも、終生において柔術から連続する『日本文化としての柔道』にこだわり続けた。」

「彼が柔道において体系づけた『教育的価値』とは、あくまでも『日本文化としての柔道』を実践者に学習させるための目標であった。」

永木（2014）はさらにこのような推論も展開している。

「大正期後半以降、嘉納の意に反して柔道の競技化・スポーツ化が促進されていったという点は確かであるとみられる。従来では『嘉納が柔道をスポーツ化した』というのが定説であったが、それは正確な言い方ではなく、『嘉納は柔道を普及させるために、一部を競技化した（にすぎない）』というのが本当のところと言えるのではないか。」

「創始者・嘉納が柔道に何を求めたかをみれば、その枠組みはあくまで『武道』であったといえる。『武術の習練を通した生き方の追究』が『武道』である限り、『武術性』抜きにして『武道』は存在しない。」

たとえ、柔道の近代化が欧米のスポーツの枠組みを取り入れることによって果たされたものであったとしても、嘉納の描いていた思想の根幹や教育の基本構造は、我が国の武技・武芸の伝統を忠実に継承し再現したものであった。嘉納は、柔道をグローバル化したのではなく、ある意味、柔道というローカルそのものをスポーツに並び立つグローバルなものとして展開しようとしたのである。このことを、永木（2016）は、「嘉納は柔道（および今日でいう武道）とオリンピックスポーツの間に一線を画しながら、それらが互いに影響し合い、ともに発展することを目指していた（自他共栄）」と述べている。

本書は、柔道のスポーツ化の実相を明らかにすることを目的としているが、そのためには、現在、競技スポーツとして世界に普及しているグローバルなＪＵＤＯと、ローカルな身体運動文化としての柔道の「自他」の区別に目を向ける必要がある。嘉納が欧米の近代教育を採り入れることによって、武士の教養であった柔術から国民教育としての柔道へ転換させたことは間違いない事実である。しかし、その根本にある教育の基本構造は、グローバルなスポーツのそれとは明らかに異なるローカルに軸を置いたものであった。

二．「精力を善用する」とはどういう動き方なのか

嘉納の意図した柔道の目的は、「わざ」の錬磨の過程で身に付ける勝負の理合いを積極的に円滑な社会的営みを実現するための要諦として生かしていくことにあった。とするならば、嘉納の説く処世の法則に転移可能な必勝の法則とはいかなるものであるかという疑問が浮かび上がる。それは端的には、嘉納が盛んに提唱した「精力を善用すること」にほかならないのであるが、嘉納はその具体的な姿についてこのような動きや戦術の様相をあげている。

「柔道においてはいわゆる柔にして勝つことを教え、いやしくも無謀に敵に向かい無益に精力を費やすことを戒め、常に最も穏当に最も合理的に、少しの無駄もないように、おのれの力を用いて目的を達し、対手を制することを習得させるのである。」（嘉納、１９１５ｂ）

「乱取りの修行では、一時的に対手に負けても、上手にその力を外したり、その力に順応したりして退却しながら対手の体を崩し、その機会に乗じて技を施す練習をするのが、正しい修行の順序である。」（嘉納、１９３６）

「柔とは相手の力に抵抗せず、衝突の力を避け、敵の力に乗ずべきを利用して、これを倒すの術である。」（横山、１９３１）

これらの言葉のなかに、起倒流や天神真楊流などの古流柔術から受け継がれた「柔の理」の系譜を読み取ることは容易であろう。講道館柔道における勝負法としての必勝の法則は柔術の「柔の理」を中核にしたものである。すでに、第二章の第一節で示したとおり、ほかならぬ嘉納自身がこのように語っている。

「柔道は柔の理を応用して対手を制御する術を練習し、またその理論を講究するものにして（中略）柔の理とは対手が力を用いて攻撃し来る場合我はこれに反抗せず、柔に対手の力に順応して動作し、これを利用して勝ちを制する理合いをいう。」（嘉納、１９１３）

後に嘉納は、攻撃を受けた場合の対応原理としての「柔の理」には限界があることを指摘し、これを自発的な攻撃をも含んだ原理として発展させる意味で、「心身の力を最も有効に使用する＝精力善用」が柔道の根本原理であると言い換える。嘉納は、「柔の理」を「易経」的な柔剛兼備の側面ではなく、「老子」的な柔の絶対的優位性を基盤に解釈していたのかもしれない。しかし、籔根ほか（1999、15頁）は、「今日、講道館柔道の原理は『精力善用・自他共栄』であり、『柔の理』はその中に包み込まれた形であるが、その中核をなす思想であることにかわりはない」と述べている。このことについて、嘉納自身はこのように語っている（嘉納治五郎、1930c）。

「私は昔の柔術を研究している中から、柔術のすべての技術を支配している大きな道があることに気附き、その道を捕えようと努力した結果、ついに心身有効使用道とでも命名し得べき宇宙の大道があることを確信するに至ったのである。」

また、寒川（2014、307頁）は、「『柔の理』は柔道を柔道たらしめる概念である。より正確に言えば、明治年間の柔道を唯一支えた概念であった」と指摘し、嘉納は「老子的・易伝的[9]、つまり思弁的な『柔』を物理学の『柔の理』に変換した」（寒川、2014、321‐323頁）と評している。すなわち、嘉納は「柔の理」を否定して新たな原理を唱えたのではなく、これを中核にしながらさらに近代合理的な解釈を加え、「精力善用」という言葉を用いて近代的スポーツに適合する合理的な動きのメカニズムとして解説したのである。それは例えば、柔道の投げ技を「崩し・つくり・掛け」という運動構造で説明しようとした点にもあらわれている。

樋口（2005）は柔道の投げ技を、「相手の攻撃に対し身をかわし、相手のバランスを崩すことで相手の力を減じるという身体技法」と表現し、梶山、中原（1984）は、「受けの崩れと取りのつくりは同時に発現するものであり、しかも受けの体勢は重心線を支持面の外に移行し、ほぼ剛体の状態になり、取りは技をかけるのに適した体勢をとり、その瞬間思い切りよく合理的な技を掛けて相手を倒すことがいわゆる理にかなった技である」と詳説している。

このように、嘉納の近代合理主義に基づく「柔の理」の解釈によって、柔道の技はテコの原理や慣性モーメント、人体の解剖学的構造等を応用した近代社会にふさわしいスポーツスキルという位置付けを獲得した。柔道の技は、「自らのおかれた状況をうまく利用しながらバランスを崩したり、テコの原理を応用したりしながら、相手に力を発揮させない体勢づくりをする」ことが必勝の原則となっている。理想的な投げ技は、相手の動勢を利用しながらバランスを崩すことによって、効果的な固め技は、状況に応じてテコの原理や人体の解剖学的弱点を利用して自由を奪うことによって、受け身は、投げの動きに逆らわず同調しながら衝撃を逃すことによって成立するのである。これが、嘉納の言う「力を無駄なく有効に使う」すなわち「精力善用」した柔道の技であるが、同時にそれが嘉納の独創ではなく、古来の柔術から引き継いだ「柔の理」の合理的あるいは近代的解釈であり、科学によって解釈・説明された「柔よく剛を制す」動きであることは間違いない。

三.「自他共栄」は助け合いの精神なのか

さらに、嘉納は神秘主義的な柔術の技を近代スポーツに準拠した柔道の技に再編しただけではなく、そのメカニズムのなかに社会生活に転用可能な教育的価値を発見している。そして、これを「自他共栄」という現代で言うところのキャッチコピーを用いて提唱する。それは、勝負における必勝の原則は、社会生活における課題解決の原則として転移可能であるという主張である。嘉納は、「自他共栄」について「相助相譲」というキーワードを提示しながら次のように述べている。

「衝突すれば互いの損失であるが、譲り合えば互いの利益になる。集団の各員が相助相譲すれば、集団は融和協調して、あたかも一人のごとく活動することが出来、したがって集団はあたかも個人のごとく精力を最善に活用することが出来るのである。」(嘉納、1937a)

「多数の人と事を共にしようと思えば、常に他人の好むところやきらうところをつまびらかにしておき、自分の欲求を抑制し、相互に譲り合うことを考えなければ、事は成らぬのである。」(嘉納、1927)

「社会生活を営みながら精力を最善に活用しようと思えば、相助け相譲り自他共栄するということが必要となってくる。そうして道徳の根本原理はここから生じてくるのである。」(嘉納、1926)

樋口(2005、138-149頁)は、「柔道の目指すところは最大効果と相互福利の原理を尊重する精神の育成であり、その道徳側面についてもルールやエチケットの遵守やフェアプレイといったことを意味しているのではなく、人間関係の諍いなどは不必要な労力の消費であり最大効果の原理に反することを学ぶことにある」と述べている。

嘉納の示した自他共栄は、精力善用であらわされる必勝の原則を人間関係に応用し、「相助相譲」

すなわち「状況に合った柔軟な対応」をすることによって「争いのない融和状態づくり」を実現することが、社会生活上の課題解決の原則となることを示唆したものと言えよう。嘉納自身はこのように語っている（嘉納、１９３０ｄ）。

「精力善用は大きくいえば国家隆盛の基である道徳の源泉ともいい得らるるほど社会生活の大原則であるが、それがすなわち日常生活の憑拠であることを忘れてはならぬ。」

嘉納は、柔道の「わざ」の原理とした「精力善用」は道徳の源泉となるもので、道徳そのものではないと述べている。これが、先に示したようにこれが伝統的な「事理一体」の考え方を踏襲したものであることは言うまでもない。

「精力善用」とともに有名な「自他共栄」という言葉を解説する際にも、これまでの柔道授業においては「柔道で培った力を自分の成長の糧にするとともに、他者のためにも役立て共に発展する」（山本、中井、２０１２）という意味の漠然とした道徳的処世訓として扱うことが多かった。そして、その道徳則を象徴するものとして礼法が強調され、克己の心や相手を尊重する態度が強調されてきた。柔道授業で学ぶべき態度は、技能とは関連のない、あくまでも独立した学習内容とされてきたのである。その結果、固有の文化を学ぶ学習として両者をリンクさせた学びはほとんど検討されてこなかったのではないだろうか。

しかし、私たちは、嘉納が「精力善用・自他共栄」という言葉を、柔道を通じて社会の存続発展に貢献していこうとする理念のレベルで語っているのではないことを知らねばならない。嘉納の言は、「柔の理」を発展させた柔道の「わざ」の原理としての「精力善用」を、競技の場だけではなく社会生活の場で課題解決の原理として活用するという現実的かつ極めて実践的な主張なのである。近年、「自他共栄」という言葉を、嘉納の説いた助け合いを示す利他の精神として、「精力善用」と切り離して単独で用いている場面に頻繁に遭遇する。しかし、「自他共栄」は「精力善用」とセットでなければ意味はなさない言葉である。友添（2011）はこれを、「個人原理としての精力善用が各自においてなされるとき、国家や社会にとっての普遍的原理である自他共栄が完成されるという嘉納の哲学」と表現している。

嘉納は、必勝の「わざ」の原則である「精力善用」を人事万般に関する課題解決の原則として社会生活へ応用するために、技や身体の錬磨と連動させて柔道の修行過程に位置付け、これを「自他共栄」というより包括的な言葉で表現したのである。

四．講道館柔道による「柔の理」の継承

日本武術の大きな特徴は、単なる闘争の術が、時代を経るごとにある種の道徳的規範や哲学的思想を含んだ人格陶冶の知恵へと昇華していく点にある。

このことを、友添（2011）は、「武術の最終目的は、具体的な眼前の生死をも超越した、絶対的境地の確立という人格の完成にあり、『技術（わざ）』、あるいは『修行』や『稽古』も『心』と密接

不可分のものと考えられ、それらは『人格の完成』という最終目的に到達するための手段的性格をもつものとしてとらえられてきた」と解説している。

しかし、それは一方で武術本来の意味において、闘いの技の劣化を招きかねないリスキーな選択でもあった。形而上の理論が発展することによって形而下の技が退化するという自家中毒的な矛盾を抱えたのである。近世の平和な時代においては、理論が先行し実力が伴わないことを指して武術の華法化という表現も生まれる（石岡、岡田ほか、１９８０）。

嘉納柔道の特筆すべき点は、この自己矛盾を近代化という視点を取り入れることによって、他の武術に先駆けて解決しようとしたことにある。闘争の技を合戦という前近代的なものではなく、近代スポーツにおける競技という側面を取り入れることによって担保しつつ、同時に「わざ」による人格陶冶の「道」を教育という側面に位置付けることによって矛盾なく併存させたのである。

しかも、友添が指摘したように、従来の古流武術ではあくまでも「わざ」が到達した境地や最終段階に人格の形成を位置付けていた。例えば、江戸享保年間に著された剣術書『天狗芸術論』（佚斎樗山：石井邦夫訳、２０１４）にはこのようにある。

「年いまだ長ぜずして事理に通達する程の力なき者は、小知を先にせず、師にしたがつてさし当たり用の足る所として、業を努め、手足のはたらきを習はし、筋骨を強ふし、其上に気を練り心を修して、其極則を窺ふべし。是修行の次序なり。」

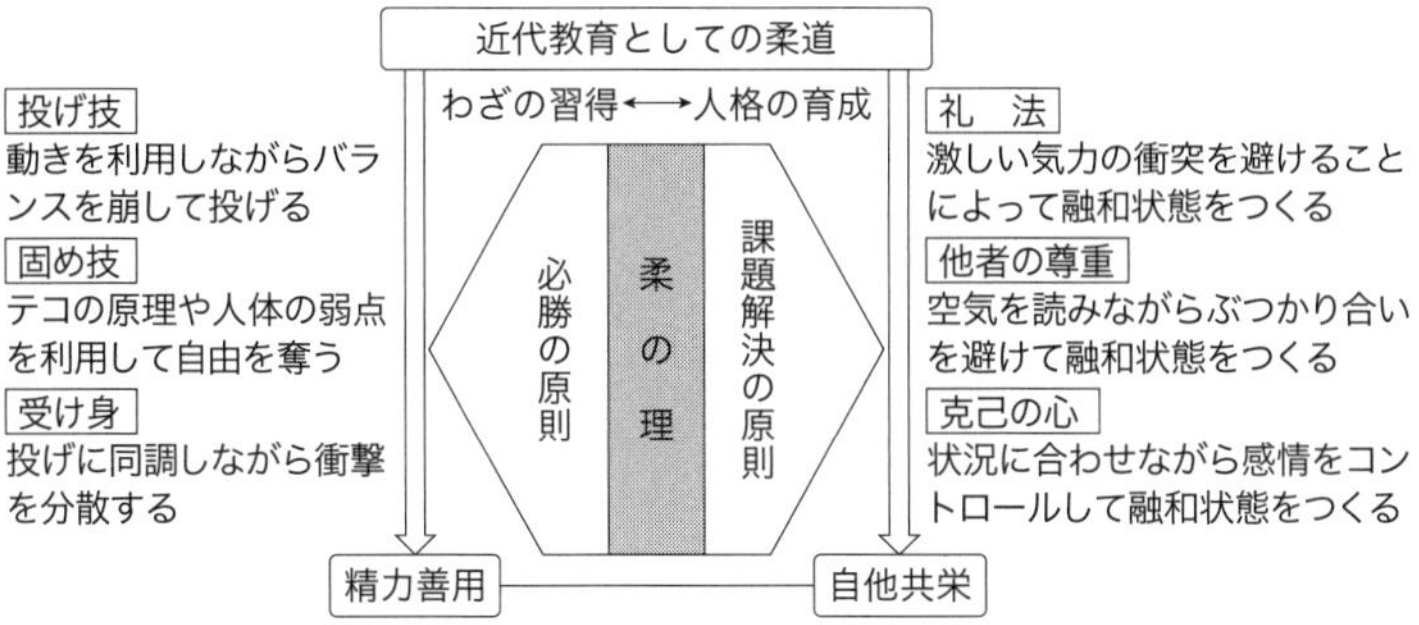

図2-2　柔道の学びの構造

これによれば、まだ成長半ばにある者は、まず師の指導によって技を習得し、手足の動きを覚え、筋骨を鍛えてから気や心を練るのが修行の順序であるとされている。これに対して、嘉納の論は斬新である。嘉納は「柔の理」を介した勝負法と処世法の訓練のテクニカルな結び付きのなかで相互作用的に人格の陶冶がなされるというスキームを創案し、精力善用・自他共栄というキーワードを用いて学びを構造化したのである。その結果、柔道は日本古来の身体運動文化であるとともに、近代教育としての価値と汎用性を兼ね備えた体育教材としての位置を確保するにいたったのである(図2-2)。

ここまで、古来の柔術の理合いであった「柔の理」が、講道館柔道のなかにどのように整理されつつ継承されてきたかを検討してきた。その結果、明治年間に嘉納が創始したローカルなスポーツ文化としての柔道の「わざ」には、その伝統性を担保する価値として「柔の理」が確固たる原理として存在していた。嘉納は、柔道の根本原理として「精力善用・自他共栄」という言葉を提唱したが、それは伝統と隔絶された新たな概念ではなく、武技・武芸というローカルなスポーツ文化の伝統価値を礎にしたものであった。

嘉納が創始したローカルな柔道における「伝統価値」の存在は、その「わざ」を方向付ける極意としての「柔の理」によって担保されている。よって、本書が着目する柔道のスポーツ化の実相は、この嘉納柔道の「わざ」に確かに位置付けられていたはずの「柔の理」が、グローバル化した柔道競技のなかでどのように扱われているのかによって明らかにされることとなる。

■注

(1)永木（2008、122-124頁）は、嘉納の「自他共栄」という理想に、ベンサムに代表される「最大多数の最大幸福を善とする」功利主義の影響を指摘している。

(2)我が国の徒手を中心とする格闘技が、戦場における組討の術として体系付けられたのは戦国時代である。当時は鎧組討ちを意味する小具足や、捕縛術を意味する捕手術などと呼ばれた。江戸期に入り流派武術が盛んになるにつれ、次第に柔術や柔・和（やわら）などの名が象徴的に用いられるようになった。

(3)関口流柔術は、紀州徳川家に伝わった流派であり、関口氏心が開いたとされる。林崎甚助から居合の伝を、三浦与次右衛門から組討ちの法を学ぶとともに、諸国修行して肥前長崎にて中国の拳法・捕縛の法を学び、これらを工夫して一流を開いたものと伝わる（綿谷、2011）。

(4)制剛流は、流派名の由来について「老子謂、至柔能制至剛之義、爾之乃曰制剛一流也」としており（寒川、2014、311頁）、楊心流はこの流派の伝書「静間之巻」のなかに「楊心とは、楊葉の風に靡き、且つ変動常無き如く、敵の転化に因るを謂ふ。意は、力を以て人を制するものは、心を以て心を制するに若かず、如何となれば、力を以て争う者は、人も亦力を以てこれを拒む。此れ是れ何の益かあらんや」と記している（寒川、2014、313頁）。

(5)道歌とは、道徳的な教えを和歌の形式で伝えるものであるが、各流派の伝書においてはその極意にかかわる武芸論が和歌の

これらの言葉を見る限り、単なる武道家にとどまらず、教育、思想、スポーツに関する制度や組織の整備、スポーツ外交等を通じて我が国の発展に貢献した嘉納治五郎などは、明らかにそのような意図をもって行動していたと言っても過言ではないだろう。

永木（２００８）が、ラフカディオ・ハーンやエルヴィン・フォン・ベルツ、クーベルタンらの言葉を引用しながらこのような指摘をしている。永木は、「柔道が世界に受け容れられていった理由には、『柔よく剛を制す』に表象されるローカル性が外国人によって認められたことがあった」と言うのである。すなわち、柔道の「わざ」を通して、「柔よく剛を制す」ための戦術原理（柔の理）を目の当たりにした当時の欧米人にとって、それは自分たちのスポーツに見られる戦術原理とはまったく異質なものであり、その耳目を集めるに値する驚くべき文化であったのである。

ここまで、柔術（あるいは柔道）の「わざ」の極意に比定される「柔の理」について概観し、本書における位置付けを確認してきた。そして「柔の理」という理合いが、スポーツ観と「わざ」の問題を含んだ「伝統価値」の源泉として「事理一体」の「理」に相当する形而上の位置付けを有すること、また、エスニックスポーツとしての柔術（あるいは柔道）の「伝統価値」を担保する概念であることを確認してきた。それは同時に、現代の柔道における「柔の理」の有りようが、柔道のスポーツ化、すなわちローカル軸の喪失を解明するための指標として機能する可能性を物語っているのである。

第二節　「柔よく剛を制す」の来歴

一．「柔よく剛を制す」の起源は中国

「柔の理」とは、「柔よく剛を制す」という言葉によって一般に理解されている。それは単に我が国の武道における闘争の極意というだけでなく、ある意味日本人の美意識に根差した戦い方の原理原則となっている。そのため、現在では柔道などの武道以外の競技スポーツにおいてもしばしば転用され、時には政治経済や生活上の課題解決におけるかけひきなどにもたとえとして用いられることがある。

「柔よく剛を制す」という言葉は、「柔の理」が具体的に表出された際に見られる動きの様態をあらわしており、我が国では「しなやかなものが、かたいものの矛先をそらして、結局勝つことになる。柔弱なものが、かえって剛強なものに勝つ」（尚学図書：国語大辞典、1981）状況として一般に理解されている。本論は、「柔」という言葉が象徴する概念について、必ずしも歴史的解釈や語学、哲学的解釈に深く踏み込もうとするものではない。しかし、この後「柔の理」という理合いを柔道のスポーツ化を探求する手がかりとして用いるにあたって、今少し詳しくそれらの由来や意味するところを明らかにしておく必要があるだろう。

「柔の理」とは「柔」の理合いであり、まず、その本義をあらわす「柔」という言葉の解釈を歴史的にたどることとする。藤堂（1981）によれば、その最も古い用例は儒教の根本聖典である四書

五経の筆頭にあげられる「易経」に見られるという。

「柔」とは一般に「剛」に対置される形而上の概念であるが、「易経」によれば、「天は尊く地は卑しくして乾坤定まる。動静常有り、剛柔断《わか》る。是故剛柔相摩し、八卦盪《うご》かす」と記され、自然界は陰と陽、柔と剛の対立と転化により成り立つと述べられている（高田・後藤訳、１９６９）。「易経」においては、現在、我が国で一般に流布している「柔らかなるものが剛きものを制する」という解釈とはやや異なり、柔は剛を兼ねて初めてその徳を発揮するとされ、柔剛兼備、「剛」を含んだ「柔」が強調されている点に特徴がある。

藤堂は、この「易経」の考え方を継いだのが道教の聖典「老子」であると述べ、そこでは「易経」の柔剛兼備とは異なり、剛強よりも柔弱の優越性が選択的に強調されたとする。柔弱とはやわらかでしなやかなさまをあらわす語であり、「老子」ではそのシンボル的存在に水が引き合いに出されることが多い。「上善は水のごとし。水は善く万物を利して争わず、衆人の悪《にく》む所におる。故に道に近し」（8章）と記され（蜂屋訳、２００８）、水に不争の徳を見出すとともに、「天下に水より柔弱なるはなし。而も堅強を攻むることこれによく勝るものなし」（78章）（蜂屋訳、２００８、３４７‐３５０頁）と述べられている。「老子」では、水の無形で順応的な機能による変幻自在な攻撃力の高さが強調されているのである。

一方、「柔よく剛を制す」という語の出典は、同じく中国古典の「三略」に求められるのが通説である。文中に、「柔はよく剛を制し、弱はよく強を制す。柔は徳なり。剛は賊也。弱は人の助くる所、強は人の攻むる所也。柔剛強弱を兼ね、その宜しきを制す」とある（守屋訳、１９９９）。「三略」においては、『柔』は他者を包み育む徳により『剛』を制するとしながらも、兵法論としては柔弱のみではなく、剛強を兼備して変幻自在に対処することを強調」している（藤堂、1981、36頁）。つまり、観念上の理想としては「剛」よりも「柔」が勝るという「老子」的立場に立ちながらも、現実的な視点では柔剛兼備を説く「易経」的立場を採用しているのである。

このように、「柔」という概念について述べた中国の代表的な書物においては、柔剛兼備を説く儒教の「易経」的立場と、「柔」または「弱」の絶対的優位を説く道教の「老子」的立場、両者が併存する「三略」的立場がある。寒川（2014）によれば、「日本の柔術伝書では、『易経』的立場と『老子』的立場を『三略』のように混用するのがふつうである」と述べるとともに、「しかし、いずれの立場においても、『柔』にしなやかさと従順性が含意されたことに違いはない」と指摘する。

そのうえで、確認しておかねばならないのは、この「柔」が示す概念はあくまでも天地における調和的世界を創り出すための治天の真理であり、我が国で一般的に用いられる「柔よく剛を制す」のように、個々の格闘場面における戦術原理を意味するものではなかったということである。

二．日本における「柔よく剛を制す」

次に、我が国における「柔」である。純粋な戦技であった武技は、江戸期になると平和な時代にふさわしい理論武装を果たした武芸となる。その際に、この中国発の「柔」という概念を取り込みながら、自らの流派の技の理想的境地を解説する流派が数多くあらわれる。

例えば、関口流柔術(3)の流祖関口氏心《うじむね》（1597－1670）が承応2（1653）年に著した『柔新心流自序』のなかに、「老子曰く、天下の至柔は能く天下の至剛を制す。天下の至弱は天下の至強を騁《てい》す。君子は是を以てその国を治む。小人は是を以てその身を脩む」という文章がある（老松、植芝、1982）。

寒川（2014、310－311頁）は、この文章を示しながら、「老子」にならって堅固な城壁さえ崩す柔弱な水をたとえにすることによって、柔が剛に勝つという現象を「自身の術の基礎づけに引き入れた」と指摘している。ここに至って、「柔」は治天の真理から格闘の原理への読み替えが認められる。すなわち、我が国の武術における「柔の理」の成立である。

このことに関して、寒川（2014、133－134頁）は、人の心の内にある証明困難な事象であることを前提に置きながらも、中国の思想を己が術の権威付けに利用しようという思惑が、「平和な時代にあってその実践価値を減じた武術の生き残りのための理論武装戦略であったのか」と問いかける。もちろん大前提として、この「柔」という概念と当時行われていた柔術の技能が質的に親和性の高いものであったことは想像に難くない。しかし、現代で言う営業戦略に近い発想として、（合戦がなくなった江戸時代において）戦技としての価値に代わる存在意義を模索していた当時の武術家たちが、最先端科学であった中国思想を己が術の権威付けに取り込もうとするのは極めて自然な営為であったのではないか。

さて、我が国の武術において「柔」という語があらわれるのは、先にあげた関口氏心が寛永8（1631）年に著した『新心流柔之序』が初めとされる。また、当時すでに江戸において「柔」を名乗る者が多数いたことも記録されている（寒川、2014、309頁）。例えば、関口流と同時期の制剛流や楊心流などはその名称からして「柔」の優越性を示唆しており、[4]ほかにも（講道館に先立って江戸期に柔道を称した）直心流や真之新道流、渋川流など、江戸期に栄えた柔術諸流派の多くの伝書や道歌[5]に、従順性や敵の力を利用して敵に勝つ道理によって「柔よく剛を制する」ことが術の奥義に関連付けて語られている（寒川、2014、307‐321頁）。本書ではその典型的な例を、講道館柔道の直接の源流となった起倒流及び天神真楊流柔術[6]をとおして概観していきたい。

はじめに、起倒流である。起倒流の流祖茨木専斎俊房の高弟吉村扶寿が著した起倒流『天之巻・地之巻』（老松、植芝、1982、367‐391頁）及び起倒流5代目滝野専右衛門遊軒の門人である藤堂安貞の著した『貍尾随筆』（筑波大学武道文化研究会、1992）にはこのように記されている。

「起倒はをきたおると訓ず。起は陽の形、倒るは陰の形なり。陽にして勝ち、陰にして勝ち、弱にして強を制し、柔にして剛を制す。我力を捨て、敵の力を以て勝つ。」（天の巻）

「事業をなす所、かろくやわらかにして、すらりとこだわりなきを、気の扱いと云いて、このみ用うるなり。おもく剛毅にしたる気を、力の扱いとして、是を甚だ嫌ふなり。」（地の巻）

上記に示す通り、起倒流では「柔」を気の扱いとして重視している。これに対して「剛」は力の扱いとして避けるべきものとするなど、「剛」に対する「柔」の優越性が明確に主張されている。藪根ほか（2004、62‐64頁）はこれを、「柔」は「自然に軽やかなり」とも表現されるように総じて自然に軽やかに動作することであり、対する「剛」は力任せに強引に動作することであると解説している。起倒流柔術が想定する「柔」の概念が、現在の私たちが想起する「柔よく剛を制す」闘い方と同質の動きを有していることは、このことからも容易に推察できる。

さて、「柔」が「剛」を制する動きであるとするならば、その「柔」を体現する自然で軽やかな動きは、闘争における必勝の極意を体現するものでなければならない。起倒流ではその極意を「無拍子」と名付け、『貍尾随筆』ではその様相を「陰陽の勝ち」と表現している。

「陰陽の勝ち」とは古流武術特有の抽象的な表現である。陰陽については、「気の起こるを陽といふ。おさまれるを陰という」（地の巻）、「かろくこまやかなるを陽の調子といい、沈てゆるやかなるを陰の調子」（地の巻）と説き、総じて陽とは「活発な動きで力を外に向けて解放した状態」を、陰とは「動きが収まって力を内に秘めた状態」を想定している。そのうえで、起倒流では勝負の要諦をこのように解説する。

「敵の陰なるには陽を以て勝、敵の陽なるを陰を以て勝なり。当流の業、陰陽の二つに限る。外に数々の手段を設けて、敵の模様に応ずる事有と云えども、勝負の時に臨んで紛らわし、只陰陽の二つに限るを以て勝利必定也。」（貍尾随筆）

「敵の調子を知りて違える事也、敵すすむ気なれば、静に陰の調子にて向かい、敵遅きものなれば、すらりと陽の調子にて立向かう、是敵と我と調子を合わせずして勝利の本なり。」（貍尾随筆）

「柔弱の相手には、剛強の人のごとく心をはげまし、剛強の相手ならば、柔弱の人のごとくおもひ

こなして修行すべし。」（地の巻）
「敵の気力のはげしさにさからわず、それにしたがひ応じて、其気力を察し、勝利を得るなり。」（地の巻）
「敵対するに、心動かず、とどこほらずして、力のあわぬ所にして、勝利をうる。たとえば頭へわたるものは、下空虚なり。しかれば頭へ心を移さず、とどめず、其の空虚を制す。おこる所を見て、おこる所を捨て、虚に乗じて、是を制するは、前後際断の意歟。」（地の巻）

これらの表現をならして要約するならば、起倒流における理想の動きとしての「陰陽の勝ち」は、相手の激しい力動に対して静かに力を秘めて受け流し、力動がおさまった刹那に秘めていた力をぶつけるようなフレキシブルな動きのできる状態を表現していると捉えることができる。また同時に、起倒流においては「柔」は「剛」を制するものであるが、それは闘争に関する現実的表象としての動きの形（カタチ）＝技を指すものではなく、同種の力を合わせないように臨機応変自在に姿態の変化を遂げるような闘い方の様式、言い換えれば闘い方のベクトルあるいは動きの質をあらわしている。

ここには、動きや戦術にかかわる重要な要素が二つ含まれている。一つ目は「陽には陰、陰には陽」とあらわされるように、「同種の力を衝突させない＝充実した力の衝突の回避」というものである。

そして今一つは、その目的を達成するための「相手に調子を合わせない＝状況に合った臨機応変自在な変化」というものである。換言するならば、「相手の充実した力をまともに受けることを避けながら、臨機応変に、力の弱まった瞬間に合わせて自らの力をぶつけること」によって勝利をつかむことが勝負の要諦ということになる。

それは端的には、「充実した力の衝突の回避を旨として、状況に合った臨機応変自在な変化をする」という原則であり、これが起倒流の極意となる。現在、起倒流の技は「古式の形」として講道館柔道のなかに保存継承されている（橋本、1971）。実際にそのなかに含まれている技は、すべてこの原理に矛盾することなく構成されていることが看取できる。起倒流に見られる「柔」を体現するための極意がすなわち「柔の理」であり、この「充実した力の衝突の回避を旨として、状況に合った臨機応変自在な変化をする」という理合いによって生成された動きの様相が「柔よく剛を制す」と表現されるのである。

三．「柔の理」と武技・武芸

さて、ここまで、起倒流における「柔」について考察してきたが、次に起倒流と並ぶ講道館柔道の直接の源流である天神真楊流柔術[7]について、流祖磯又右衛門正足の高弟寺崎某（名不明）の著作である『天神真楊流柔術大意録』（老松、植芝、1982、451‐459頁）を参照しながら考察する。

序の部分に、「柳関斎先生（磯正足）は真当を請くるる事を工夫して、常に当てを用ひて修行するなり。又柔能く剛を制せしむるの意に違ふ所も数年心を砕き、終に其心を得て、妙術に及びて…云々」とあるとおり、この流派においても自流が「柔よく剛を制す」動きや戦術を念頭に置いて工夫されていることが主張されている。

また、「業をなす所かろくやわらかにして、すらりとこだわりなきを気の扱いといふて、好み用ゆるなり。おもく剛気いたる気を、力の扱いとして是甚しく嫌ふなり」という起倒流地の巻とほぼ同じ文言や、「我がかたち柔らかなれば、敵のおごりも自からみゆるなるべし。敵の変に応ゆる事第一也」等の記述が見られ、「柔」が「剛」に勝るものとして意識される点も同様である。

さらに、「敵の力にさからわず、波の上の浮木の身を以て制する時は、いかほど剛強といふとも勝利を得る也」、「他流と試合致すに形を作らず、敵の変に応じて業を致すべし」、「敵の気力のはげしきにさからわず、それに随い応じて、其気力を察して勝利を得るを位といふなり」などの記述から察するに、その技を方向付ける原理として「充実した力の衝突の回避を旨として、状況に合った臨機応変自在な変化をする」闘い方、すなわち「柔の理」によって技を用いることが推奨されている。

このように、柔道の源流となった両流派は、それぞれその技能体系に含まれる技の種類や形態は異なったとしても、「柔の理」という術理に奥義を求める姿勢は共有されているのである。

少し柔術以外の武技・武芸にも目を転じてみたい。「柔よく剛を制す」という語句は江戸期の柔術諸流派においてはごく一般的であるのに比較し、例えば、剣術流派において汎用的に用いられることはあまりなく、少なくともそれを大々的に流派名に掲げるような例はあまり多くないようである。しかし、「柔の理」が示す「充実した力の衝突の回避を旨として、状況に合った臨機応変自在な変化をする」ことを理想とする世界観は、各流派が説く剣の理合いにおいても矛盾することなく共鳴する。

例えば、我が国の代表的な剣術流派である柳生新陰流を見てみたい。柳生宗矩が著した『兵法家伝書』（渡辺誠編訳、２０１２）において述べられている「懸待二字子細之事」、「打ちにうたれよ、うたれて勝心持之事」、「三拍子之事」、「大拍子・小拍子、小拍子大拍子」などのなかに見られる記述はいずれも、「柔」という表現こそ用いていないものの、同様の主旨に基づいた技の原理原則が反映されている。柳生新陰流では、敵の動きや状況に応じて円転自在・融通無碍に転変しながら勝つことが奥義とされており、それを「転《まろばし》」という言葉で象徴的に表現しているが(8)、この奥義を示す言葉そのものにも「柔の理」と同様の剣の理合いを読み取ることができる。

さらに、柳生新陰流に並ぶ剣術流派である一刀流の系統においても、例えば、古藤田勘解由左衛門俊直が著した『一刀斎先生剣法書』(今村編、1982)においては、相手の状況に応じた自在の変化が強調され、高名な二天一流の宮本武蔵が著した『五輪書』(今村編、1982、50-92頁)においても、「火の巻」で詳しく述べられている勝負や合戦における駆け引きでは、相手の力を外したりポイントをずらしたりする、その場や相手に応じた臨機応変な闘い方が強調されている。

このように、剣術においては「柔」や「柔よく剛を制す」という言葉を直截に用いることは少ないが、その闘い方の原理原則には中国の「柔」の概念の影響を見ることができる。本来的に、剣術と柔術はその源流を同じくしており、「無刀取り」などと呼ばれる技のように剣術の技法のなかに柔術を含む(逆も同様)ものも多く、技術体系として必ずしもその境は明確なものではない。その意味では、「充実した力の衝突の回避を旨として、状況に合った臨機応変自在な変化をする」、柔術で言うところの「柔の理」が剣術の奥義としても矛盾することなく調和するのは自然なことであろう。

第三節　「柔よく剛を制す」動きができるメカニズム

一．日本の「柔よく剛を制す」に見るオリジナリティ

ここで、「柔」、「柔よく剛を制す」、「柔の理」というよく似た意味内容を指すと思われる言葉について、互いの関係性を踏まえながらその概念構造を整理しておきたい。はじめに、この従順性や敵の力を利用して敵に勝つ道理、すなわち「柔の理」と、中国の「柔」という概念の関係を整理する。

先に述べたとおり、本書では、古代中国において唱えられた「柔」は、剛強なものに対置される、しなやかさや従順さの優位性を含意した概念として位置付けた。しかし、この中国における「柔」は、あくまでも天とこの世を治めるための形而上の真理であった。一方で、我が国の武芸者はこれを、柔術の極意を説明する言葉として取り込んだ。このような営為が、戦技としての役割を失った平和な時代の武芸の理論武装であった可能性についてはすでに言及したが、少なくとも我が国の柔術において、「柔」という治天の真理が個人の闘いの極意に取り込まれ、技の極意として発展していったことは間違いない。必然的に、「柔」の表象としての「柔よく剛を制す」も、天地を治めるための営為をあらわすものから、武術における闘いの動きの具体相を表現する言葉として用いられるようになった。

「柔の理」については、籔根ほか（1999）がこのように解説している。「老子」の「柔」は「対立し争うという方向に向かうことのない動き様」をあらわすものであり、「三略」の「柔」は「やさ

しさ、おだやかさ」を表わしているという。そして、これらの考え方を取り込んだ我が国の武術における「柔」は、「本体そのものが現す安定感や無形さ」を形容していると指摘する。そのうえで、柔術の最も柔術らしい常套の戦法としての「(敵の)気に逆らわず、誘い、外し、敵の気の衰えた虚を、自らの充実した気から発する力で攻撃する」闘い方、すなわち「柔の理」に則った戦法は、「敵の動きに先立つ気を読み、気のコントロールによって敵と力を合わせず、敵の気の外れの虚をついて制する」というような「力の衝突のない滑らかな動き様」としての「柔」から生み出されていると述べる。

さらに籔根ほか(2004)は、武術における「道」という言葉を「必勝の原理を表わした語」と捉え、この「道」を方向付けている概念を「柔」に求めている。具体的には、個々の動作が「運動経過に停滞なく、滑らかに、曲線的に流れるように実行される」こと、戦術として「充実した力同士を組み合わせない」ことが肝要であり、嘉納治五郎が説いた「自他共栄を旨として精力善用する」という言葉の真意は、この「柔の理」をあらわしていると指摘しているが、このことについては次節において詳しく考えてみたい。

また、我が国の「柔よく剛を制す」に関するオリジナリティを考える場合、寒川(2014、311頁)の興味深い指摘にふれねばならない。柔術において、「柔」の本質にしなやかさや従順性を見出す世界観は中国の「老子」から引き取ったものであるが、我が国ではこの本来の意味からさらに踏み込んだ解釈が加えられたという。それは、「敵の力によって敵に勝つ」という「老子」には見られない発想であり、これは明らかに「日本の柔術家の拡大解釈」であると寒川は指摘するのである。「相手の力を利用して勝つ」ことについては、後に嘉納治五郎が柔道の極意を説明する際にも用いているが、我が国の徒手武術のみならず他の武術においても違和感なく共有された闘い方である。

確かに、この発想のなかに質的なしなやかさや従順性が含意されていることは間違いない。しかし、柔術が主張する「相手の力の利用」というリアリティに富んだ解釈は、「易経」や「老子」にはまったく見られないものである。したがって、闘いにおいて「柔」を体現するための術理である「柔の理」は、「易経」や「老子」の思想をその根幹に取り込みながら、さらに我が国の武芸者たちが独自の発展的解釈を加えて創造した、我が国オリジナルの闘争の極意ということになろう。

二.「柔」と「柔の理」と「柔よく剛を制す動き」の関係

最後に、古代中国において提唱された「柔」と、それを取り込んだ我が国の柔術における「柔の理」、及びその具体的表象としての「柔よく剛を制す動き」の関係を整理するとともに、柔術における「わざ」の生成機序を操作的に示しておく。はじめに、その際の手がかりとして、佐藤（1991）が提示したスポーツ概念の把握に関する枠組みを提示したい。

佐藤は、スポーツという概念を文化的構成体としての「スポーツ構造」を一回性の「スポーツ現象」と区別しつつ、身体的契機・知的契機・感性的契機がそれぞれ相互規定的に関連し合う複合的構成体として考察した。身体的契機とは人間の身体的能力が対象化された運動様式であり、知的契機とは私たちの知的営為の所産であるシステムやルールなどが体系化された運動様式である。佐藤はこれら二つに加え、「美的あるいは倫理的に何を是とし何を非とするのか」といった価値観に由来する感性的

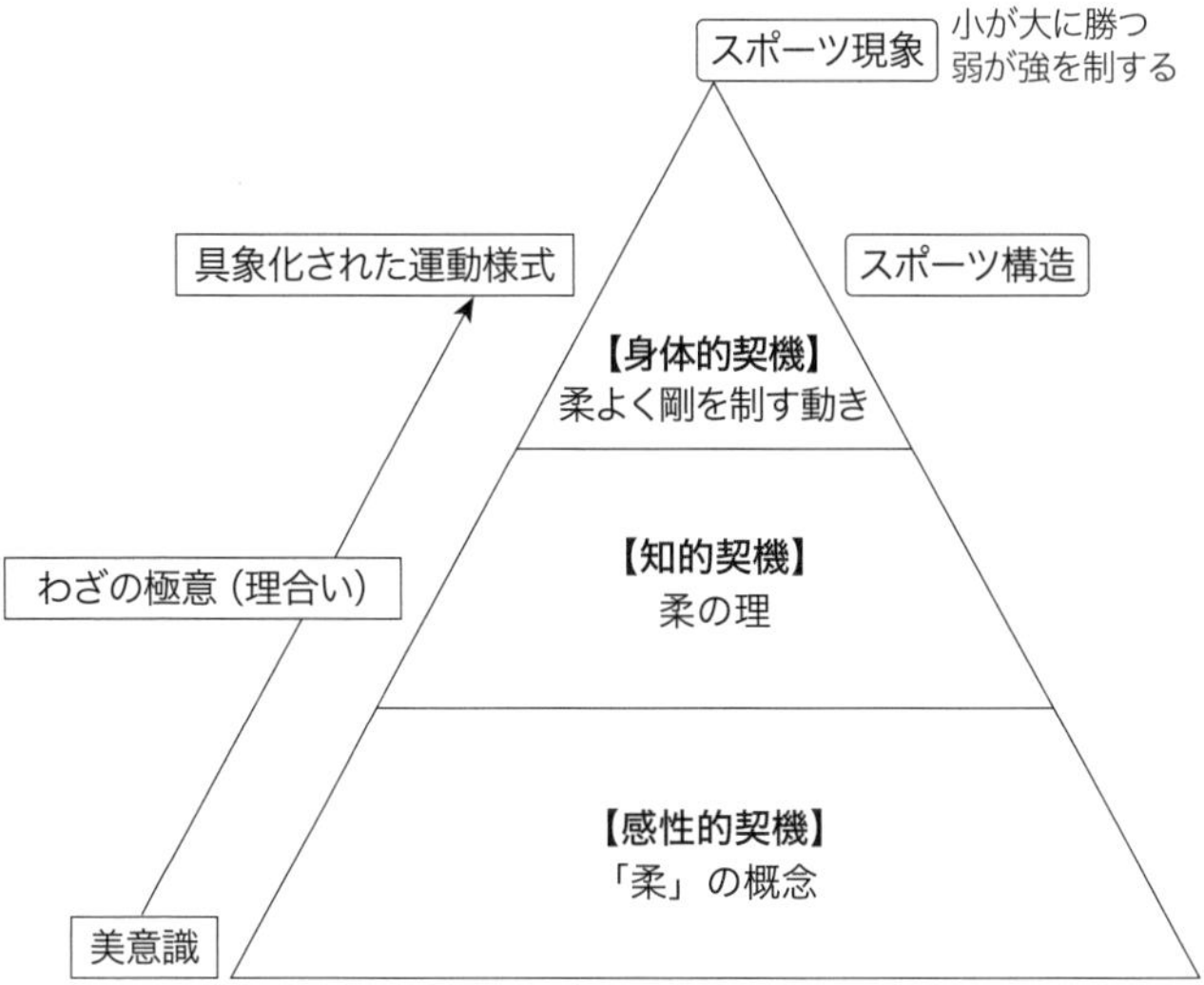

図2-1　柔術の「わざ」の発生機序

契機について言及し、その例として、体重別がない柔道の全日本選手権や大相撲の背景に、「柔よく剛を制す」という感性的契機に深くかかわった美意識があると述べている。

この佐藤の示したスポーツ概念を援用しながら、「柔の理」による「わざ」の発生機序を図式化したものが図２‐１である。本書では、これまでの検討を踏まえたうえで、古代中国に起源をもち、しなやかさや従順さを含意する心法を含んだ「わざ」のエッセンスにあたる包括的概念を「柔」と捉える。これは、我が国の武芸者たちに共有されている伝統的な美意識であり、佐藤の言う感性的契機に相当するものである。

そのうえで、この「柔」という美意識を根源としながら、我が国独自の解釈を加えて創案された「わざ」の極意としての「理合い」を「柔の理」と定義する。それは、具体的には、力の衝突のないなめらかな動きの様相をあらわす「柔」をエッセンスとしながら、「充実した気力同士の衝突を避けることを旨として、臨機応変自在に変化する」ことを理想とする闘い方の原則であり、まさに我が国の武芸者たちの知的営為の所産である。

そして、この「柔の理」によって生み出される格闘の様相のなかに、実際に形となって表出される動作や戦術的判断を「柔よく剛を制す動き」として把握することとする。

私たちは一般的に、「押されれば引く、引かれれば押す」という動きや戦術を見たり経験したりしたとき、その闘い方に何ら違和感を覚えることはない。しかし、それはよりシンプルに「押されればより効果的にあるいはパワフルに押し返す」という戦術が、実用的な勝負法として誤っていることを意味しない。それどころか、圧倒的なパワーが「柔よく剛を制す動き」を圧倒し、粉砕してしまうことは往々にして起こり得ることである。それは、あくまでも我々日本人の美意識において、「相手の力には逆らわず利用する方が好ましい」と考える感性レベルの選択傾向に過ぎない。「柔の理」及びその表象としての「柔よく剛を制す動き」は、柔術（あるいは武術）の動きのなかに埋め込まれた伝統的な価値観から生成される「わざ」の原理や動きである。

誤解のないように付け加えるが、「柔よく剛を制す」という句の用法について、現代においては、体格の劣る選手が優れたテクニックを駆使して筋骨豊かな大きい選手に勝利したり、予想を上回る抵抗をしたりした際に用いられることが多い。そこでは、「柔」＝小＝弱、「剛」＝大＝強という単純な置き換えがなされがちである。しかし、「柔よく剛を制す」ことの本質がこのような外見的な姿態にあるのではなく、小が大を翻弄するような巧みな「わざ」の質にあることは論をまたない。なぜならば、「柔よく剛を制す」ことの本質を外見的な姿態に求めることは、筋骨豊かな者に対して「柔」への絶対的な決別を迫ることになるからである。すなわち、体格のよい者は永遠に「柔よく剛を制す動き」を体現できないという矛盾が生ずるのである。したがって、「柔よく剛を制す」とはあくまでも「わざ」が「柔の理」に則って理想的に発現された状態を意味する。それは、小が大に勝り、非力が強力に勝利するという局面において、佐藤の言うところのスポーツ現象として可視化されるのである。

第四節　柔道の「わざ」は「柔よく剛を制す」

一．嘉納治五郎の柔道教育に見る武技・武芸の伝統

次に、これまで検討してきた江戸期の柔術の極意に援用された「柔の理」が、明治期に創始された講道館柔道にどのように継承されたのかという問題である。

すでに何度も述べているように、柔道は、嘉納治五郎が１８８２（明治15）年に創始したローカルな身体運動文化の一つである。嘉納は、自らが学んだ天神真楊流と起倒流の二流を中心に他の柔術流派を研究し、そのなかに内在する伝統的価値観を欧米のスポーツの道徳的価値や体育的価値と融合させることによって柔道という化合物を創りあげた。しかし、その教育としての枠組みは、あくまでも伝統に軸足を置いたものであった。

嘉納は、柔道についてこのように述べている（嘉納、１９１５ａ）。

「柔道は心身の力を最も有効に使用する道である。柔道の修行は、攻撃防御の練習によって身体精神を鍛錬修養し、斯道の真髄を体得することである。そうしてこれによっておのれを完成し世を補益するが柔道修行の究竟の目的である。」

また、嘉納は柔道に関して後にこのような解説も行っている（嘉納、1935）。

「武術と体育を兼ね備えた一種の練習によって、心身の力を最も有効に使用する方法を覚え、そこから自然にそれを人事万般の事に応用する仕方を覚えるのである。」

これは、柔道の目的が、格闘術の錬磨の過程で身に付ける勝負の理合いを、積極的に社会的営みを円滑にするための要諦として生かしていくことを宣言したものであり、これを「精力善用・自他共栄＝自他共栄を旨として精力を善用する」という言葉であらわしている。

この宣言には一つの前提が必要である。それは、相手との攻防の錬磨によって得られる能力やスキルと、円滑に社会生活を送るための能力やスキルには共通のベースがあるということである。換言すれば、柔道修行を継続するなかで獲得する勝負のための必勝の法則は、運動アナロゴンのごとく、社会的営みを円滑にするための処世の法則に転移するという前提である。嘉納が著した『柔道雑記』にはこのように記されている（本橋、2019）。

「柔道修行により智を研き徳を進むるの法を修身法と云ひ其法を学ひ得るを以て柔道終極の目的とす。而して其修行の順序は初めは体育法或は勝負法を練習し先つ勝負の事理に通し次に之を他の事物に応用して以て勝負法の妙法を普く人事の実際に及ぼすの修行をなし遂に柔道究竟の心法を知得するにあり。勝負の理を講し応用の法を学ふは種々に心力を働かせ智力を錬磨するの効用あり。善良なる習慣を作り徳を進むるの利益あり。」

中嶋（2019）は、この文を例にとりながら、「『勝負の事理』『勝負の妙法』『勝負の理』は『普く人事の実際』に応用されなければならない。その応用の方法を考究する過程が修身法になる。嘉納はそう考えた。この当時の嘉納にとって柔道の勝負法は社会生活上の『善良なる習慣』を形成する基盤だったのである」と解説している。この嘉納の主張が、先に検討してきた我が国の武芸の「事理一体」という特徴的な考え方の延長上にあることは言うまでもない。

現代の柔道において、その教育成果は欧米のスポーツと同様に、勝利を目指す厳しい練習やトレーニング、仲間との交流などの活動を経ることで獲得されるものと考えられている。しかし、このようなスポーツ的な教育観は、嘉納のそれとは明らかに異なるものと言わざるを得ない。

嘉納の目指すところはあくまでも「わざ」の極意を獲得することにある。そのうえで、柔道の極意である「わざ」の理合いを日常生活に転化させることで世を補益せよと述べているのである。籔根ほか（2004、70-71頁）は、「（柔道の）処世の原理は、実技の原理の『自他の関係の場での精力善用』を『自他共栄するに』に置き換えたものであり、実技の原理に基づいている」ことを指摘している。極端な言い方が許されるならば、嘉納は「理にかなった背負い投げを身に付けることによって人生の達人になれる」と宣言しているのであり、これはイギリス由来のスポーツの教育とはまったく異なる教育観である。サッカーにおいて、ドリブルがうまくなることと人格の成長はまったく次元の異なる話である。山本ほか（2020）も、このように指摘する。

形式であらわされる。

(6)起倒流は、柳生宗矩の門弟である茨木専斎俊房が福野七郎右衛門正勝と寛永年間に創始したもので、現代に通ずる柔道の技法が伝承されており、数々の見事な捨て身技がある（日本古武道協会、２０１９）。嘉納治五郎は起倒流の師範である飯久保恒年に学んでいる。

(7)紀州藩士の磯又右衛門が楊心流と真之神道流柔術を学び、新たに天神真楊流柔術として創始した。北野天満宮に参籠し、楊柳の風になびく様（柔軟性）を観て大悟したとされる。「天神真楊流」とは、これまでに修行してきた二流の文字「真」と「楊」を合わせて名付けられ、柔軟な身体をもって相手の気力に逆らわず、変化に応じ相手を崩し制することを極意とする（日本古武道協会、２０１９、２４２-２４３頁）。関節技や当て身技に特徴があり、多くの技が講道館柔道に継承されている。

(8)第22世宗家柳生耕一氏は、流儀の特徴を「自然の活きに背かず『性自然』の活きに従い、全身でのびのびと太刀を使う。刀法は早さと力で勝り敵をすくめて勝つ『殺人刀』ではなく、心身ともに、『無形の位』を本体とし相手を明らかに観て、敵を迎えて誘い働かせその動きに随って無理なく転変して勝つ『活人剣』であり、『転』の理念を具現した物である」と述べている（日本古武道協会、２０１９、２９０-２９１頁）。

(9)易経は本体部分となる狭義の「経」と、その注釈や解説部分の「伝」から構成されている。

■引用・参考文献

・チェンバレン：高梨健吉訳（１９６９）日本事物誌２．平凡社、３０８-３１０頁．
・蜂屋邦夫（２００８）老子．岩波書店、39-41頁．
・橋元親（１９７１）写真でみる柔道の形．大修館書店、１１４-１４５頁．
・樋口聡（２００５）身体教育の思想．勁草書房、１１４-１４５頁．
・今村嘉雄編（１９８２）一刀斎先生剣法書．日本武道体系 第２巻 剣術、２６１-２７９頁．
・石岡久夫、岡田一男、加藤寛（１９８０）日本の古武術．新人物往来社、18-22頁．
・嘉納治五郎（１９１１）師範および中学教育と柔道．中等教育10号．嘉納治五郎体系 第５巻、１３９頁．

・嘉納治五郎（１９１３）柔道概説．嘉納治五郎体系 第3巻．大日本武徳会修養団本部、１０４頁．
・嘉納治五郎（１９１５ａ）講道館柔道概説．柔道第1巻2号．柔道会本部、５‐６頁．
・嘉納治五郎（１９１５ｂ）立功の基礎と柔道の修行．柔道第1巻3号．柔道会本部、１‐６頁．
・嘉納治五郎（１９２６）柔道の発達．講道館書誌編纂会．嘉納治五郎体系 第2巻．本の友社、16‐32頁．
・嘉納治五郎（１９２２）国家の隆昌．大勢．嘉納治五郎体系 第6巻．本の友社、３２５‐３３２頁．
・嘉納治五郎（１９２５）講道館文化会の使命とその会員に対する希望．作興．嘉納治五郎体系 第1巻．本の友社、１３３‐１４０頁．
・嘉納治五郎（１９２７）本会の主義より見たる人間の向上発展．講道館書誌編纂会．嘉納治五郎体系 第1巻．本の友社、３６０‐３６７頁．
・嘉納治五郎（１９２８）柔道家としての嘉納治五郎（十三）．作興．嘉納治五郎体系 第10巻．本の友社、１１２‐１２３頁．
・嘉納治五郎（１９３０ａ）柔道の修行者は道場練習以外の修養を怠ってはならぬ．柔道．嘉納治五郎体系 第2巻．本の友社、２５０‐２５３頁．
・嘉納治五郎（１９３０ｂ）国民精神の作興と国民身体の鍛錬との方法について．嘉納治五郎体系 第8巻．本の友社、２７７‐２８３頁．
・嘉納治五郎（１９３０ｃ）精力善用国民体育．嘉納治五郎体系 第8巻．本の友社、96‐１０２頁．
・嘉納治五郎（１９３０ｄ）精力善用と日常生活．作興．嘉納治五郎体系 第9巻．本の友社、１８７‐１９３頁．
・嘉納治五郎（１９３４）柔道の原理に基づいて一生の計を立てよ．柔道．嘉納治五郎体系 第4巻．本の友社、３６７‐３６９頁．
・嘉納治五郎（１９３５）柔道に関する私の抱負．柔道第6巻3号．講道館文化会．
・嘉納治五郎（１９３６）柔道における修行者に告ぐ（その1）．柔道第7巻6号．講道館文化会、３‐４頁．
・嘉納治五郎（１９３７）柔道の根本義に就いて．柔道第8巻11号．講道館文化会、２‐８頁．
・金炫勇、矢野下美智子（２０１４）武道における「事理一致」に関する一考察―華厳宗思想に着目して―．広島文化学園短期大学紀要47：37‐46頁．

・小泉八雲（ラフカディオ・ハーン）：平井呈一訳（1975）東の国から・心．恒文社、197‐251頁．
・本橋端奈子（2019）研究資料嘉納治五郎著「柔道雑記」について．講道館柔道科学研究会紀要17輯：143‐156頁．
・守屋洋（1999）六韜・三略．プレジデント社、244‐245頁．
・中嶋哲也（2020）実戦と武道の間―柔道の武術性を中心に―．志々田文昭、大保木輝雄編著．日本武道の武術性とは何か．青弓社、144‐187頁．
・永木耕介（2008）嘉納柔道思想の継承と変容．風間書房、425‐437頁．
・永木耕介（2014）〝柔道〟と〝スポーツ〟の相克―嘉納が求めた武術性という課題―．菊幸一編．現代スポーツは嘉納治五郎から何を学ぶのか―オリンピック・体育・柔道の新たなビジョン―．ミネルヴァ書房、155‐187頁．
・永木耕介（2016）嘉納治五郎による柔道普及の世界戦略．月刊武道2016年9月号、158‐159頁．
・日本古武道協会（2019）日本古武道協会四十年史、180‐181頁．
・老松信一、植芝吉祥丸編（1982）関口流、日本武道体系 第6巻 柔術・合気術．同朋舎出版、149‐302頁．
・大保木輝雄（2020）剣術の武術性を問う―臨機応変の身心技法―．日本武道の武術性とは何か．志々田文明、大保木輝雄編著．青弓社、51‐99頁．
・桜庭武（1935）：柔道史攷（1984年復刻版）．第一書房、51頁．
・佐藤臣彦（1991）体育とスポーツの概念的区分に関するカテゴリー論的考察．体育原理研究22：1‐12頁．
・佚斎樗山：石井邦夫訳注（2014）天狗芸術論・猫の妙術．講談社学術文庫、69‐73頁．
・尚学図書編（1981）国語大辞典（第1版）．小学館、1216頁．
・寒川恒夫（2014）日本武道と東洋思想．平凡社、307‐321頁．
・高田真治、後藤基巳訳（1969）周易繋辭上傳．易経（下）．岩波書店、211‐213頁．
・友添秀則（2011）嘉納治五郎の「柔道」概念に関する考察．日本体育協会創生期における体育・スポーツと今日的課題―嘉納治五郎の成果と今日的課題―：平成22年度日本体育協会スポーツ医・科学研究報告書Ⅲ：25‐35頁．
・藤堂良明（1981）講道館柔道の思想的背景について―柔術から柔道へ―．武道学研究、14（1）：36‐43頁．
・筑波大学武道文化研究会編（1992）貍尾随筆．武道伝書集成 第7集 柔術関係資料 上巻、158‐247頁．

・渡辺誠編訳（2012）．新訳兵法家伝書．PHP研究所、55‐75頁．
・綿谷雪（2011）完本日本武芸小伝．国書刊行会、334‐347頁、5‐6頁．
・籔根敏和、岡田修一、山崎俊輔、永木耕介、猪熊真（1999）「柔の理」の意味に関する研究．武道学研究、31（3）：14‐25頁．
・藪根敏和、徳田真三、木村昌彦、斉藤仁（2004）．柔道再発見．不昧堂出版、62‐66頁．
・山本浩二、中井聖（2012）これからの体育科教育に求められる柔道についての一考察．近畿医療福祉大学紀要13（2）：9‐16頁．
・山本浩二、有山篤利、島本好平、岡井里香（2020）大学生柔道選手の伝統的な戦術思考様式がライフスキル獲得に及ぼす影響．武道学研究、52（2）：103‐117頁．
・横山健道（1931）嘉納治五郎伝．講道館書誌編纂会．嘉納治五郎体系 第11巻．本の友社、202‐214頁．

第三章

「柔よく剛を制す」を可視化する

第一節　スポーツ化の量的な解明に挑む

一．スポーツ化は日本柔道の「わざ」にあり

柔道のスポーツ化は、柔道がグローバルスポーツのＪＵＤＯへと変貌する過程において古来の柔術から受け継いだエスニックな「わざ」がグローバル化によって平準化された競技スポーツの技に変容していく過程である。すでに前章までに、柔道のスポーツ化に関連する概念について歴史経過を含めてその背景と課題を検討するなかで、「わざ」という新たな観点と研究のキー概念となる「柔の理」の提示を行った。本書では、古来の柔術から継承されたこの「柔の理」が柔道の技から失われていく実態を検討することによってスポーツ化の実相を解明していくが、調査研究に向けた具体的作業に入る前にここまでの流れを簡単に振り返っておきたい。

すでに前章で明らかにしたように、「柔の理」は我が国の柔術における「わざ」の極意をあらわす原理原則であり、それは古代中国において創案された「柔」という思弁的で抽象的な概念を格闘という現実に応用したものであった。古代中国において、しなやかさや従順さの徳をもって調和ある世界をつくり上げる形而上の真理であった「柔」を、我が国の武芸者は格闘という現実世界に取り込み、さらに独自の解釈を加えながら理想の闘い方を編み出した。「柔よく剛を制す」「わざ」の誕生である。

この「柔の理」に、今一度独自の解釈を加え大きな変革をもたらしたのが、講道館柔道を創始した

嘉納治五郎である。嘉納は、この「柔の理」を近代合理主義の視点によって捉え直し、思弁的な「柔の理」を物理法則として実証可能な「精力善用」へと換骨奪胎したのである。この「精力善用」は、後にセットで提唱されるようになる「自他共栄」という言葉とともに、嘉納の独創性を象徴するものとして一般には語られている。

しかし、それは嘉納のまったくのオリジナルな理論からもたらされたものではなかった。嘉納柔道の根本原理としての「精力善用」は、近代社会に対応する合理的解釈を加えた武技・武芸の「柔の理」の新バージョンであり、その後に続く「自他共栄」も、「心」の有りようを「わざ」の問題として見る我が国の伝統的な「事理一体」の考え方に沿った理論展開である。このように、エスニックスポーツとしての柔道の伝統価値は、「わざ」のなかに確かに継承されているのである。しかし、これまでのスポーツ化論においては、「柔の理」や「柔よく剛を制す」動きにかかわる「わざ」の変容は問題にされてこなかった。

中嶋（2018）は、明治期に再構成された武道に対してスポーツ化という言説が叫ばれるようになったのは大正期であると指摘する。そして、この武道のスポーツ化言説は、消費スポーツに向かう動きが西洋化と重ね合わされ、我が国の武道の伝統とは相容れないとする武道論が現在も再生され続けていると述べている。中嶋が指摘するように、これまで展開されてきた柔道のスポーツ化にかかわる言説は、欧米発のスポーツの娯楽性や競技性に由来する即物的な価値観と、精神性を重視する我が国の武道の修養重視の徳育主義的な価値観の対立という固定化された見識が共有され続けてきた。そして、伝統の破壊の具体的表象として必ず指摘されてきたのが、度重なる競技規定の改正、体重別制やブルー柔道着の導入など、運動の本質には直接かかわりのない制度上の変化であり、文化として守り伝えてきた動きとしての「わざ」の変容についてはまったくと言っていいほどふれられてこなかったのである。

しかし、運動の中核をなす動きや技の問題を埒外に置いたスポーツ化論は、スポーツ文化の重要な構成要素であるスポーツ行動様式（中西、２０１２）へのまなざしを欠いた文化論である。ルールや制度にまで影響を及ぼすような文化的変容が、「わざ」という文化的な代物に何の変容ももたらさないと考えるのは論理として整合性がなく、動きの変容という視点が抜け落ちたスポーツ化論には大きな問題が生じている。それは、グローバル化された諸外国の柔道に対して、我が国の柔道をローカルな伝統を死守し続ける真正な存在とみなし、その不変さを教条主義的に訴え続ける姿勢と一体化した論にある。究極のところ、スポーツ化論義は、誤った海外柔道選手に対する正当な日本柔道選手というステレオタイプの対立構造に矮小化されてしまった。

柔道のスポーツ化論義では、海外の柔道家が繰り広げる攻防のスタイルを勝利のみにこだわった「正しくない柔道」と断定する一方で、我が国の柔道家が頻繁に口にする「一本にこだわる姿勢」や「正しい礼法」などに、「潔さ」や「潔癖さ」など（あくまでも近代に再構成された）武士道に仮託された精神性が投影されてきた。端的に言うならば、柔道のスポーツ化とはあくまでも海外で行われているＪＵＤＯやJUDO playerの問題であり、我が国の柔道あるいは柔道家のなかに生じている問題ではなかったのである。どこまでも邪道の海外柔道に対する真正な日本柔道という教条主義的な論が固定化され、海外からの文化的侵略に対し、自らの姿を振り返ることなく、自国の伝統の危機のみを叫ぶ矮小化された柔道論が繰り返されてきたのである。

しかし、柔道の伝統価値は、「わざ」のなかに確かに継承されている。柔道のスポーツ化論は、我が国の柔道の「わざ」が不変であり、問題は海外の柔道選手の「わざ」にあるという固定観念を、「正しい柔道」という言葉でごまかすような定型化された懐古主義的な語りを脱せねばならない。我が国の柔道選手は、今でも「柔よく剛を制す」「わざ」を継承しているのだろうか。柔道のスポーツ化は、「わざ」の変容の問題を抜きにして語ることはできないのである。

二．「柔よく剛を制す」動きの数量化への試み

ここで、柔道の技に「わざ」としての文化の色彩を与える「柔の理」について、その概念把握に関する問題を整理しておきたい。

「柔の理」が実際の動きとして可視化されるためには、競技者の卓越した「わざ」を「柔よく剛を制す」動きとして体現することが求められる。それは、具体的な表象としては、体格の劣る者が勝者を翻弄する局面や、非力な者が強力な者を打ち負かす局面として映像化される。例えば、毎日新聞(２０１６)が報じた「待ったなし大相撲ピリリと辛い小兵力士」という記事には、「柔よく剛を制す」動きによって大柄な力士を翻弄する小兵力士の姿が、私たちに強い情緒的な共感を誘う闘い方として表現されている。

このように、「柔の理」は、常に「柔よく剛を制す」動きを象徴する競技場面を通じて、スポーツ

観戦者の美意識にエモーショナルな共感を呼び覚ます心情のなかで理解されてきた。それは運動の実践者や指導者においても同様であった。

「柔の理」を体現する「柔よく剛を制す」動きは、柔道競技者や指導者にとって格闘の理想を表現する言葉であっても、それはあくまでも美的感覚に訴えかける抽象的な概念として考えられてきた。「柔よく剛を制す」動きは、競技においては理想的な闘いのイメージに過ぎなかったと言えば言い過ぎであろうか。少なくとも、「柔よく剛を制す」動きは、数値や量によって把握される動きや技として分析されるものではなく、競技の実践の場においてコツや運動感覚の問題として指導が行われたり、伝統的な戦い方として戦術が組み立てられたりすることもなかったように思われる。

一方、研究や教育の場においてもこれらと同様の傾向を見取ることができる。先行研究を検討するまでもなく、柔道の技の成り立ちを語る際に、嘉納治五郎の理論と「柔の理」との関連を踏まえながら解説することは柔道解説書や研究書にとって必須の話型である。「柔の理」についても、本論でも引用として多く取り上げた寒川や籔根、永木らのまとまった研究のほかにも、多くの先人たちがその概念の歴史や定義、柔術の「わざ」の原理としての扱いや意味理解、柔道における継承と理論的発展等の内容等について論述している。

しかし、これらの論はすべて、中国の史書や我が国の武術伝書などの豊富な文献をもとにした定性的な原論研究であり、「柔よく剛を制す」動きを計量可能な対象物として把握を試みようとする研究ではなかった。

必然的にそのスタンスは、競技に並ぶ柔道の実践の場である教科体育にも持ち込まれている。中学校や高校の柔道学習を担当する体育科教員にとって、「柔よく剛を制す」はあくまでも理想化されたイメージや美意識の問題、あるいは知識・理解の問題に過ぎず、実際にそれを体現する「わざ」の習得をねらいに学習が展開されたり、プログラム化されたりすることは稀であった。それどころか、そのような必要性が柔道指導の課題として認識されることもなかったと言える。「柔よく剛を制す」はどこまでも理想のイメージであり、学習の対象となる実体を伴った具体の動きとして考えられてこなかったのである。

しかし、古来より武術の理想として受け継がれてきた、柔らかでしなやかな「わざ」としての「柔よく剛を制す」動きは、実体として私たちの目の前に生成可能であるし、しばしば超絶なる美技として現実のスポーツ現象となり、私たちの快哉の対象として立ちあらわれる。ならば、多文化理解や異文化との共生が現実問題として強く要請される時代に、我が国の文化的アイデンティティや伝統文化の認識にかかわる問題として、「柔の理」や「柔よく剛を制す」動きをイメージや美意識のレベルでの理解にとどめることで満足してはならないと考える。柔道のスポーツ化の生々しい現実として、可能な限り、これらを形而下におけるスポーツ活動を生産する実体として捉え、その変容に迫る姿勢が求められているのではないだろうか。

よって、本書では、この「柔よく剛を制す」動きや戦術を、単に感覚的で情緒的な把握にとどめることなく、可能な限り計量可能な実体として把握を試みたい。これまでステレオタイプの主観的な言説のなかで論じられてきた柔道のスポーツ化現象を、文化としての「わざ」の喪失として捉え、可能な限り数値化された事実を積み上げることによってその実相の定量的解明に挑むことをここに明言しておく。

第二節　調査研究の基本設定

一．調査研究の限界

第一節において指摘した研究背景と課題意識に基づき、本書では、柔道のスポーツ化を「わざ」の喪失、すなわち「柔の理」という理合いを見失った動きという視点で捉え、柔道実践者の「柔よく剛を制す」動きや技の実態を数値化することによりその把握を試みる。そのための研究手続きとして、はじめに、現代の柔道実践者における「柔よく剛を制す」動きの定着状況を定量的・実証的に測定できる尺度開発に取り組むこととした。

この研究における尺度開発について確認しておくべきことがある。本調査の射程は、柔道のスポーツ化という現象を海外からの我が国の柔道への文化侵略として捉えるのではなく、それを我が国の柔道そのものに生じている伝統的な「わざ」の変容という新たな観点から明らかにすることにある。そのためには、古来の武技・武術から引き継いだはずの理想的な動き、すなわち「柔の理」を踏まえた「柔よく剛を制す」動きを現代の柔道実践者が体現しているかどうかを検証せねばならない。こうした柔道実践者の動きに見られる伝統性や文化性を捉えるためには、バイオメカニクス的な測定によって動きの量的な変化を捉えるのではなく、柔道実践者の基本姿勢や認識によって左右される動きの「質」の差異に焦点をあてた調査と検討が必要となる。

この研究は、あくまでも実際に柔道実践者が発揮したパフォーマンスの「質」という定性的で抽象的なものを数値化し、定量的・実証的に把握しようとする試みである。この研究において開発する尺度については、それを「柔よく剛を制す」動きに対する認識の違いとして推測可能なものにしたいと考える。

したがって、今回明らかにされる知見が、柔道実践者が実際に発揮している動きの「形（かたち）」の違いではなく、いわば「わざ」を生成するために当該実践者が用いた思考回路の違いであるという事実については、研究の限界にかかわることとして受け入れねばならない。柔道実践者の「わざ」が実際に「柔よく剛を制す」動きとなっているかどうかは、実践者がそのように動こうと常に意識しているかどうかをもって類推されるものである。

二．調査研究の手続き

尺度開発に向けた手続きは以下のとおりである。まず研究の起点として、これまで検討した「柔の理」によって生成される「柔よく剛を制す」動きに関する概念理解を踏まえながら、尺度開発に向けた仮説的構成概念の開発を試みる。

その手順としては、最初に、概念の操作化に向けた基盤構築のために複数名の研究者や柔道指導者からなる研究グループを結成し、共同研究者らとともに概念の操作化に向けたトライアンギュレーション[(1)]を経て質問項目の原案の作成を試みる。

次に、「柔の理」の認識度を把握するための仮説的構成概念の作成及びそれを測定するためのインディケータの構成に取り組む。

その後、研究グループで作成した原案についてその内容的妥当性を検討するとともに、尺度項目の修正や取捨選択を行うが、ここで障壁となるのが「柔の理」の定量化にかかわる先行事例が存在しないことである。これまでの先行研究では、「柔の理」はあくまでも概念であり、「柔よく剛を制す」動きは柔道の理想を語る際のイメージに過ぎなかった。よって、これらを実体として数値化して捉えようという発想自体がなかったと言える。そのため、本尺度の内容的妥当性を担保するために、複数の専門家の直感的意見を持ち寄ってその妥当性を構築するデルファイ法という手法を選択し活用する(デルファイ法については後述)。

尺度作成に向けた調査については、「柔の理」に基づいた「柔よく剛を制す」動きが定着していると仮定される群（古流柔術修行者や柔道競技者）と、その比較対象として「柔よく剛を制す」動きが定着していないと仮定される群（レスリング競技者や柔道競技経験のない一般人）を設定し、それぞれのグループから回答を得る。

得られた回答については探索的因子分析を適用し、その因子構造を検討したうえで因子分析モデルの適合度を検証するとともに、尺度の信頼性について内的一貫性の検討を行う。さらに、古流柔術修行者・柔道競技者・レスリング競技者・一般人の四群の傾向について尺度得点の平均値の比較を行うことにより、得られた尺度の構成概念の妥当性を検討する。

第三節　調査のための質問紙の作成

一.「柔よく剛を制す」動きの定着度を推測する

開発しようとする尺度は、「柔の理」の定着度すなわち認識状況を測定しようとするものである。具体的には、「柔よく剛を制す」動きの発揮を、個人の動きや技あるいは戦術等の選択傾向として測定することによって推測することとなる。

「柔の理」の定着度は、「柔」であらわされる従順でしなやかな動きと、「剛」であらわされる対抗的で剛強な動きという、質的に相反する動きや技、戦術等の選択の傾向によって把握が可能となる。そこで、質問項目の構成にあたっては、イメージ調査等において活用されることが多く、「良い」・「悪い」や「速い」・「遅い」というような対となる形容詞を両極に置きながら、その間をスケール化することによって定性的な情報の定量化を試みる、SD法（Semantic Differential Method）を採用した。

SD法を用いた研究としては、頭川（1995）の舞踊のイメージ測定の尺度構成に関する研究がある。頭川は、舞踊作品に関する意味空間モデルとして、明快性・審美性・力動性・弾力性・調和性・重量性・難易性・空間性という八つのイメージに関する因子とそれぞれの構成尺度を明らかにし、作品間のイメージ比較や特徴を客観的に導くための手法を提示している。本書の研究は、定性的に把握されがちであった我が国の徒手格闘術に関する動きや戦術に関する個人の思考特性を、「柔」と「剛」

という対立する概念のイメージをとおして定量化しようとする試みである。よって、今回の研究においてもSD法を修正し応用した調査手法が適当であると判断し、この頭川の研究を参考にしながら尺度作成に取り組むこととした。

手順としては、はじめに概念の操作化を検討するための中核グループを構成した。グループは、研究代表者である筆者のほか、武道を専門とする研究者一名、高等学校保健体育科教諭（専門：柔道）一名、中学校保健体育科教諭二名（専門：柔道・陸上競技、専門：バレーボール）で構成されている。これは、武道に関する専門性、教科教育への発展性を含めた体育科教員としての運動学的な専門性、及び柔道を専門としない者に対する言語的理解を考慮した人選である。

その後、これまでの「柔の理」や関連概念の検討を参考にしながら、柔道などの徒手格闘技における実際の動きや戦術のなかで、「柔の理」によって生成され、「柔よく剛を制す」動きと推定される戦術的動作や判断の具体例（以降、「柔」と記述する）と、その逆のベクトルを有する動きと推定される戦術的動作や判断の具体例（以降、「剛（非柔）」と記述する）を対比させた質問項目を設定した。質問項目の設定にあたっては、研究の中核グループ5名におけるトライアンギュレーションを経ることによって妥当性を確保し、この作業を経て仮説的構成概念を構成するための原案を作成した。質問項目の設定に向けての概念操作については、「心」・「技」・「体」の三つのレベルから「柔よく剛を制す」動きに相当する戦術的動作や判断を設定するとともに、それぞれ「力の発揮」・「攻防の戦術」・「心法」という視座から検討することとした。

「柔よく剛を制す」動きは、第二章において「柔の理」の定義として示した「充実した気力同士の

表3-1　概念の操作化に向けた枠組み

	区　分	「体」のレベル	「技」のレベル	「心」のレベル
	視　座	力の発揮	攻防の戦術	心　法
仮説的構成概念	衝突を回避する動き	8項目	11項目	2項目
	逆の動きの選択	1項目	2項目	—
	臨機応変な判断	—	11項目	—

衝突を避けることを旨として、臨機応変自在に変化する」という理想の闘い方を具現化した動きであり、そこには、「力同士の衝突を回避する」ことと「臨機応変に変化する」という二つのベクトルが含まれている。またそれらは、「陰」と「陽」という対義語として表現されるように、「押す」に対する「引く」に端的に示されるような相手の意図の逆をつく戦術的な動きとなって体現される。これらを踏まえて、研究の中核グループでは、①衝突を回避する動き、②逆の動きの選択、③臨機応変な判断という三つの仮説的構成概念とそれらを評価するための35の尺度項目を原案として作成し、そのうえで、その内容的妥当性を検討することとした（表3-1）。

二、デルファイ法による質問項目の精査

「柔の理」の定着度の定量的な把握を試みる尺度開発は、この研究のまったくなオリジナルであるため、原案として設定した尺度項目の内容的妥当性を検討し、その修正・取捨選択に向け比較検討を行うための先行事例が存在しない。そこで、この作業を実施するにあたっては、複数の専門家の直感的意見を持ち寄って妥当性を構築するデルファイ法を、現状に合わせて適用することにした。

大槻（2002）によれば、デルファイ法は、アメリカのシンクタンクの一つであるランド・コーポレーションのダルギー・ヘルマーによって開発された調査法であるという。すでにこの調査法は、宇宙開発等の技術開発時期の予測などに用いられており、我が国では旧科学技術庁が5年ごとに行う未来技術の開発・応用時期の予測に活用されてきたとされる。デルファイ法の優れた点は、児玉（1974）によれば、①専門家が独立して意見提示を行うため、心理的圧迫を除去できること、②他の専門家の意見と理由については周知されるため単純アンケートの際に起こる意見交換不足を回避できること、③無視されがちであった少数意見を反映する機会が担保されることなどが指摘できるという。

この調査法を活用した研究事例としては、本田ほか（2012）の看護実践に関する研究がある。本田ほかは、専門家の予測・意見判断の情報を得る目的で、多くの人たちの専門的意見をまとめてコンセンサスを測定する方法に適した手法としてこのデルファイ法を活用し、最も生命の危機状態にある重症患者に対応する三次救急外来に関する看護実践の特徴を明らかにしている。本書では、これらの先行研究を参考に、複数の専門家として調査研究協力者七名を選定した。そのうえで、それぞれの専門家に蓄積された知識や経験から出される直感的意見を反復アンケートによって集約するなかで、組織的な意見の統合・洗練を図り、質問項目の内容的な妥当性を高めることとした。

デルファイ法においては、参画する協力者の専門性やそのカバーする領域を考慮した人選が結果を大きく左右する。そのため、今回は①古流柔術・柔道などに造詣が深いこと、②尺度作成に精通していること、③国語表記に関して専門性を有していること等を条件に協力者を選定した。詳細な内訳は、古流柔術修行者二名（起倒流柔術代表と高弟）、柔道競技出身の体育学研究者一名、統計の専門家三名（柔道経験のある数学研究者、体育学の研究者、統計を専門とする業者）、国語学の研究者一名である。また、可能な限り質問に対するバイアスや各研究者間に発生する心理的な圧迫を排除し、調査協力者の独立性を保つことをねらいに研究代表者がメールや面談によって意見を一括聴取し、協力者相互の交流や直接の意見交換は行わないように配慮した。

反復アンケートにあたっては、それぞれの研究協力者の専門性を生かし、①「柔の理」を体現した「柔」の動きと対立する「剛（非柔）」の動きが的確に選択されているか、②質問項目が統計的処理を行ううえで瑕疵なく構成されているか、③国語的に的確で誤解を生じさせない表現ができているか、という大きく三つの観点で質問項目の可否を検討した。

①については主として古流柔術修行者及び柔道競技出身の研究者を中心に、②については統計の専門家を中心に、③については国語学の研究者を中心に意見を聴取し、中核グループにおいては、それぞれの協力者から出された意見と研究のねらいを照らし合わせながら総合的に質問項目の取捨選択や文言の修正を行った。研究協力者との間で意見が一致するまでアンケートとフィードバックを繰り返し、原案はver. 17まで改変された。その結果、表３‐２に示すとおり、三つの仮説的構成概念とそれを測定するための28のインディケータからなる質問紙が完成した。

	心法	21. ガッツポーズ	勝った瞬間は	ガッツポーズはしないようにしている	ガッツポーツをするようにしている
		27. 視線の衝突	相手がにらみ付けてきたら	受け流すようにしている	にらみ返すようにしている
逆の動きの選択	力の発揮	5．素早い動きへの対処	素早く動く相手には	どっしり構えるようにしている	より素早く動くようにしている
		6．構え（姿勢）	戦うときの基本の構え(姿勢)は	力を抜いてすらっと立つようにしている	力を入れてがっちり構えるようにしている
		14. 激しい動きへの対処	相手が激しく動き回る場合には	落ち着いてどっしり構えるようにしている	相手よりもっと激しく動くようにしている
	攻防の戦術	16. 戦術の選択	勝つための戦術として	フェイントを使ったり相手の動きの裏をついたりしている	小細工をせずに正攻法で戦うようにしている
	心法	2．闘志への対処	相手が闘志満々のときは	逆に冷静になるようにしてしる	負けずに闘志を燃やすようにしている
		15. 闘志の表出	自分が闘志満々のときは	平静をよそおうようにしている	闘志を表に出すようにしている
		19. セルフコントロール	勝負のクライマックスでは	つとめて冷静になるようにしている	気迫を前面に押し出すようにしている
臨機応変な判断	攻防の戦術	8．技の選択肢	優勢に試合を進めるには	状況に応じた多彩な技が出せるようにしている	絶対的な決め技にこだわりをもつようにしている
		9．試合の流れの掌握	試合の流れをつかむためには	相手の気配や出方をうかがうようにしている	自分のやり方で一気に攻めるようにしている
		11. 技のキーポイント	効果的な技のキーポイントとして	技をかけるタイミングを重視している	技自体の力強さやスピードを重視している
		17. 先手の取り方	試合が始まる瞬間には	相手の出方や気配を読んで攻撃している	相手に関係なく自分の決めた方法で攻撃している
		20. 重視する動き方	試合運びのキーポイントとして	相手の動きに瞬時に反応して動くようにしている	相手にかかわらず得意な動き方をするようにしている
		22. 戦術の組み立て	戦術を考えるときは	相手によって戦術は変えている	どんな相手にも自分の戦術は変えていない
		26. 戦術の変更	試合中に戦い方を変えてきたら	状況に応じて戦法を変えるようにしている	自分の決めた戦法をつらぬくようにしている

表3-2　「柔の理」の定着度測定に関する仮説的構成概念とインディケータ群

仮説的構成概念	視座	インディケータ	質問文	柔	剛（非柔）
衝突を回避する動き	力の発揮	1．押しへの対応	押してくる相手には	逆らわないようそらしたりかわしたりするようにしている	力負けしないように押し返すようにしている
		3．競技力の向上手段	競技力を向上させるためには	技（わざ）を磨くようにしている	筋トレなどで体を鍛えるようにしている
		4．強い力への対応	強い力に対しては	すかしたりそらしたりするようにしている	より強い力を出そうとしている
		24. 引きへの対応	相手に引っ張られたら	動きに合わせながら力をそらすようにしている	動きに合わせないように力を入れるようにしている
	攻防の戦術	7．相手の技への対応	相手の技に対応するときは	相手の動きを自分に利用するようにしている	相手の動きを力強く制するようにしている
		10. 守勢のときの対応	守勢になっている場合には	相手の動きをかわすような柔軟な守りをしている	相手の動きを跳ね返すような堅い守りをしている
		12. 理想の勝ち方	理想とする勝ち方は	意表をつく技や作戦を駆使するようにしている	筋力やスピードで圧倒するようにしている
		13. 動きの誘導	自分の動きに引き込むには	相手に合わせながら自分の動きに転化するようにしている	力強く相手の動きをさえぎるようにしている
		18. 技の防御	相手の技を防ぐには	そらしたりかわしたりするようにしている	受け止めたり押し返したりするようにしている
		23. 攻めへの対応	激しい攻めに対しては	逆らわずに受け流しながら反撃するようにしている	勢いに負けないように反撃するようにしている
		25. 相手の防御への対応	かたい守りに対しては	相手を誘い出す工夫をするようにしている	自分のやり方で力強く攻めるようにしている
		28. 守りから攻めへの変化	守りから攻めに転じる場合は	相手の動きや力を利用して反撃するようにしている	自分の得意な動きで力強く反撃するようにしている

第四節　柔道競技者・古流柔術修行者等への調査

一．調査の方法

設定された三つの仮説的構成概念と28のインディケータ群と質問項目の中から、「柔の理」の個人内の定着度を評価する尺度を作成するために、以下の手続きによって質問紙調査を実施した。

２０１４年８月〜12月の間に、古流柔術（合気道を含む）修行者[2]及び柔道競技者を対象に調査を行った。また、同時に妥当性検証のための比較資料を収集するために、レスリング競技者及び柔道競技の経験のない学生や社会人（中学校もしくは高校で柔道授業の経験あり）等の一般人に対して同様の調査を実施した（表３‐３）。

古流柔術修行者については、日本古武道協会の協力を得て加盟流派のなかから徒手を中心とする20流派に調査を依頼するとともにＷ県内の合気道道場に協力を依頼し、八流派、一道場から回答を得ることができた。

柔道競技者及びレスリング競技者については、大学体育会の部活動（全国大会出場レベル）及び高等学校部活動（全国大会出場もしくはそれに準ずる

表3-3　調査対象

	有効回答数／全回答数	平均年齢（歳±SD）	年齢幅（歳）
柔術修行者	99/122	49.9±16.2	14-83
柔道競技者	246/264	21.0±6.6	15-63
レスリング競技者	66/69	18.2±2.2	10-22
一般人	253/257	21.1±6.4	18-70

レベル）に調査協力を依頼した。

一般人については、大学生やS県中小企業家同友会に加盟する企業の社会人（大学生、社会人とも中学・高校における柔道授業履修程度の経験レベル）に対して調査を行った。

それぞれ有効回答数の内訳は表3‐3の通りであるが、柔術修行者については、競技適応年齢という制約がないため他の群と比較して年齢幅が広く平均年齢が高くなった。逆に、柔道競技者・レスリング競技者については競技スポーツとして普及している実態があり、データ数を確保するためには現役アスリートを対象にせざるを得ないという事情のため平均年齢が低くなった。また、一般人は学生を含めたため平均年齢が低くなった。

柔術修行者については各流派の代表者、柔道競技者・レスリング競技者については、大学や高等学校の部活動の代表者、一般人については大学授業担当者及びS県中小企業家同友会事務局を通じて郵送法（一部手渡し）で調査票を配布し、集団面接法にて回答を得た。調査の実施・回収・返送は団体の代表者によって行われた。

調査にあたっての倫理的な配慮として、日本古武道協会及びS県中小企業家同友会、各大学運動部監督及び高等学校については校長・部活動顧問・授業担当者等に調査の趣旨を説明し、①回答は任意であり、調査対象者に回答を強制しないこと、②データの目的外使用をしないこと、③調査用紙やデータの管理を厳重に行うこと、④研究の目的を完遂した場合は回答用紙を廃棄処分することなどを説明した。そのうえで、調査目的や手続き、内容等に人権や倫理に抵触する事象がないことを確認して了承を得た。

二、調査の内容

調査内容は、①フェイスシート（年齢、性別、体重、スポーツ競技経験、競技レベル、競技の継続年数、古流武術の経験）、②デルファイ法によって精査された柔の理定着尺度28項目（表3－2）によって構成されている。②については四段階リッカート尺度により回答を求めた。

SD法による各尺度項目については、バイアスのかからぬよう柔と剛（非柔）の回答をランダムに対置させ、それぞれの間を4、3、2、1と数値化したスケールを設定し、個人の動きや技あるいは戦術などへの考え方の傾向を選択させた。

三、その後の統計処理

得点については、最も柔の傾向を示す回答を4点、最も剛（非柔）の傾向を示す回答を1点として四段階で換算した。

はじめに、各項目の標準偏差を求め、すべての項目の回答に偏向傾向がないことを確認し、そのうえで、2～5の範囲で因子数を指定して探索的因子分析（主因子法・プロマックス回転）を繰り返し実施した。因子負荷量.40以上を基準に解釈可能性を検討することによって尺度における因子の抽出を試みた。

その後、構造方程式モデリングにより因子分析モデルの適合度を検証した。適合度指標にはＧＦＩ、ＡＧＦＩ、ＣＦＩ、ＲＭＳＥＡを採用した。また、尺度の信頼性について、内的一貫性を検証するためCronbachのα係数を算出することとした。

以上のような統計処理を経たうえで、尺度の構成概念妥当性を検証するため、古流柔術修行者、柔道競技者、レスリング競技者、一般人の四群について因子ごとの下位尺度得点の平均値の比較を行った。

なお、以上の統計処理には、SPSS Statistics ver.19及びAMOS ver.23を使用した。

第五節　測定尺度の完成と「柔よく剛を制す」の定着度

一．「柔よく剛を制す」動きの成り立ち

はじめに、現在も競技化されずに古来の武技・武芸の技を継承している古流柔術修行者、及び論理のうえでは「柔の理」に則った技を継承していると考えられる柔道競技者345名のデータについて標準偏差を求めた。すべての値は1・0前後となったため、分析対象となるデータに極端な偏向傾向がないことが確認された。

そのうえで、得られたデータに対し探索的因子分析（主因子法・プロマックス回転）を適用し、因子の抽出を試みた結果、二因子が最も妥当と判断した。また、因子負荷量が.40未満の四項目、双方の因子に同程度の負荷量を示したため弁別性が低いと判断した一項目、因子の解釈上不適当と判断した三項目を、因子の内的妥当性を確保するために削除した。そのうえで、因子数二として、再度探索的因子分析を行った結果、すべての項目において因子負荷量.40以上を示し、先の因子に従属した単純構造を示した（表3－4）。

第一因子については、「28．守りから攻めへの変化」や「13．動きの誘導」、「25．相手の防御への対応」など、格闘をする際の具体的な動き方や技の施し方に関する11項目で構成されている。これらは、常に相手に対して力同士の衝突によって対抗したり圧倒したりするのではなく、「かわす」「そら

表3-4　柔の理の定着度を評価する因子

因子名	番号	インディケータ	因子負荷量	M	SD	Cronbachのα係数
気息を外す動き	28	守りから攻めへの変化	.74	2.78	1.10	.89
	13	動きの誘動	.74	2.89	1.00	
	25	相手の防御への対応	.73	2.80	1.07	
	7	相手の技への対応	.72	2.95	1.03	
	4	強い力への対応	.70	2.96	1.03	
	18	技の防御	.68	2.82	1.03	
	6	構え（姿勢）	.66	3.08	1.08	
	10	守勢のときの対応	.63	2.81	1.03	
	20	重視する動き方	.62	2.77	1.08	
	8	技の選択肢	.56	2.71	1.10	
	17	先手の取り方	.52	2.57	1.08	
陰陽の使い分け	15	闘志の表出	.74	2.69	1.16	.82
	14	激しい動きへの対処	.64	2.98	.99	
	19	セルフコントロール	.62	2.41	1.19	
	23	攻めへの対応	.61	2.80	1.07	
	27	視線の衝突	.60	2.89	1.17	
	2	闘志への対処	.59	2.72	1.14	
	26	戦術の変更	.54	2.72	1.08	
	5	素早い動きへの対処	.53	2.76	1.08	
	22	戦術の組み立て	.45	2.80	1.09	

す」「ずらす」など、充実した気力やパワーの衝突を避けながら従順な動きによって攻防を展開するという特徴的な動きやテクニックにかかわるものである。よって、「気息を外す動き」と命名した。

「気息」という語は一般的に呼吸や息をあらわすものであるが、武道における呼吸や息は単なる生理的なガス交換の作用を指すものではない。それは、攻防におけるリズムやタイミング、拍子や間合いなど攻防のコツの問題を含んだ概念である。このような武道特有の時間的・空間的な攻防のコツを含んだ概念を「気息」という語であらわすことにし、力のベクトルを衝突させないような戦いをするための身体操作をあらわす因子と解釈した。

第二因子については「15．闘志の表出」や「14．激しい動きへの対処」「19．セルフコントロール」など、「相手が陰ならば陽（陽ならば陰）、動ならば静（静ならば動）」というように、場の気配を読みながら、常に臨機応変に相手の意図の裏や逆を選択するような状況判断に関する九項目で構成されている。これらは、具体的な動きというよりも、ある状況における戦術選択や判断にかかわるものである。古来、我が国においては対になる概念を、中国由来の思想を用いて陰と陽という語で象徴的に表現することがあり、古来の武術伝書等には広く一般的に用いられてきた。そこで、この第二因子については、この陰と陽という語に意味を込めて「陰陽の使い分け」と命名した。

この二因子の抽出に関して興味深い指摘がある。すでに、第二章第二節で解説しているが、寒川（2014）が我が国の柔術では伝統的に中国の「老子」のように「柔」の絶対優位を説く場合と、儒教の「易経」のように柔剛一体・柔剛兼備を説く場合が都合よく使い分けられ、混用されているると述べているのである。

今回の分析により抽出された第一因子「気息を外す動き」は、「かわす」「そらす」「ずらす」など「柔」の動きを絶対的に重視するものであり、「老子」的立場を示す。一方、第二因子の「陰陽の使い分け」は、相手の意図の裏や逆を選択するような状況判断をあらわしており、相手が柔弱ならば剛強をもって対応することも論理のうえでは可となる。すなわち、第二因子は柔剛一体・柔剛兼備を説く「易経」的立場をあらわす因子と考えることができる。

このように、今回抽出された二つの因子が示す内容は、寒川の指摘した「日本柔術が二つの立場を混用し使い分けている」ことを実証する結果となった。それは同時に、この二つの立場の混用が、具体的な動きや技の施し方において「柔」の絶対的優位を説く立場が発揮され、戦術選択や判断においては柔剛一体・柔剛兼備の立場が発揮されるという実態として存在していることを示唆している。

以上の結果を総合すると、「柔の理」は、「気息を外す動き」という動きやテクニックのレベルを示す因子と、「陰陽の使い分け」という戦術選択のレベルを示す二因子によって構成され、「充実した気力同士の衝突を回避するように臨機応変自在に変化すること」を理想とする、我が国の伝統的な徒手格闘術の闘い方を方向付ける原理であるとともに、我が国の古流柔術の「わざ」の特徴を的確に捉えていることが示唆された。

二．仮説モデルと信頼性の検証

探索的因子分析によって得られた因子分析モデルをもとに、当該モデルの適合度を構造方程式モデ

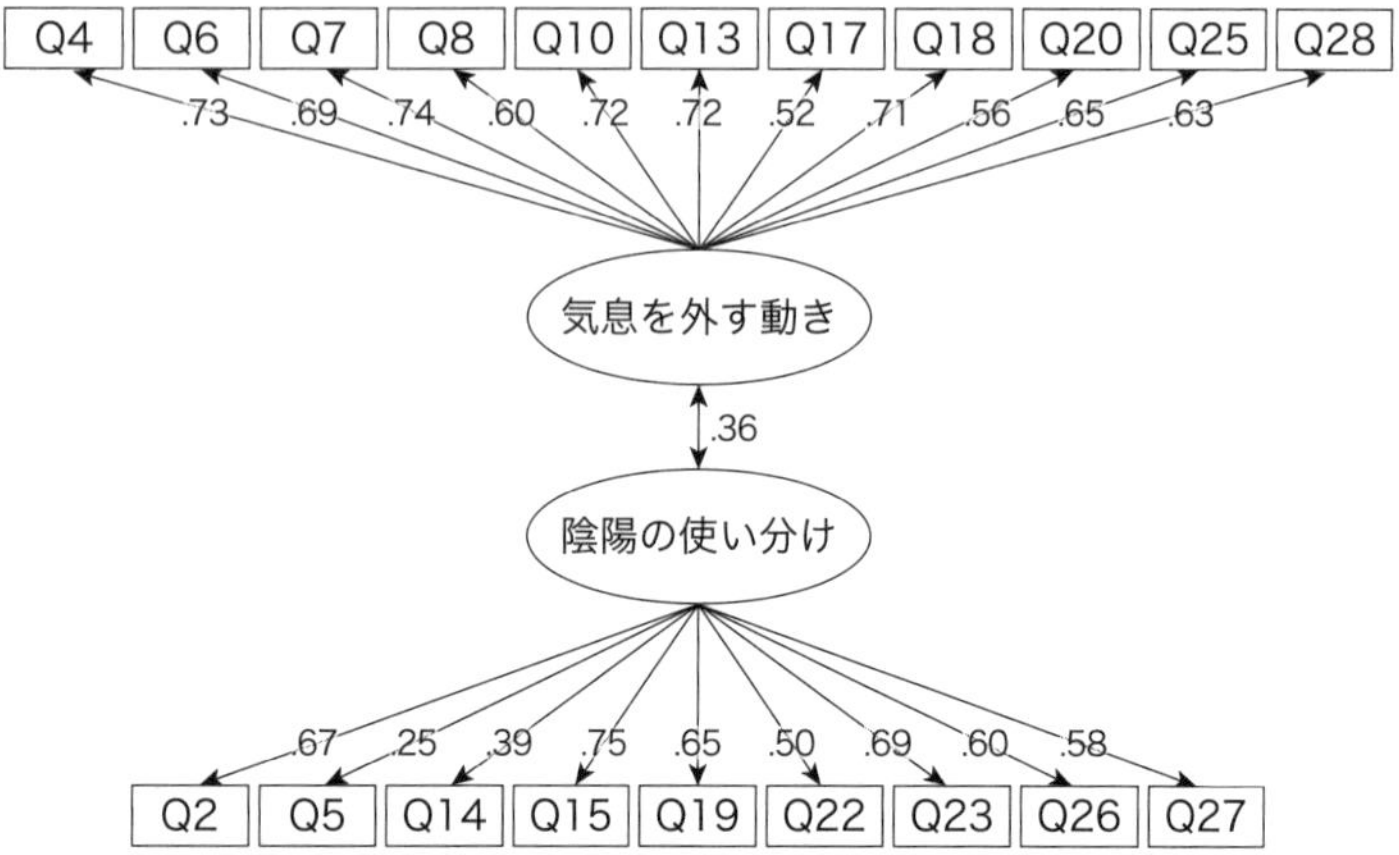

Q5-Q14、Q22-Q26、Q25-Q28の間の誤差変数間には共分散を設定
パス係数の値はいずれもp<.01

図3-1　構造方程式モデリングによる因子分析モデルの検証結果

リングにより検証した。適合度指標にはGFI、AGFI、CFI、RMSEAを使用した。

その結果、GFIの値については.90となりモデルの採択基準を満たし、AGFIの値は.87となりGFIとの差はわずかであった。また、CFIの値については.92、RMSEAの値については.06とそれぞれ採択基準を満たした。よって、適合度を判断する四つの指標は総合的に採択基準を満たしていると判断し、この研究の因子分析モデル(二因子、28項目)はおおむねデータに適合していることが明らかとなった(図3-1)。

その後、各因子の内的一貫性を検証するため、Cronbachのα係数を算出したところ、「気息を外す動き」因子において.89、「陰陽の使い分け」因子において.82の値を得た。両因子とも基準となる.80以上の値を示しており、よって内的一貫性は確保されているものと考えられる。

三、柔道選手は「柔よく剛を制す」動きだったのか

尺度の妥当性を検証するために、競技化されてはいるが、論理のうえでは「柔の理」に基づいた「柔よく剛を制す」動きや戦術を体現していると思われる①柔道競技者、競技化されないまま武術として「柔の理」を継承していると考えられる②柔術修行者、ヨーロッパ発祥の徒手格闘技である③レスリング競技者、④授業経験のみで競技として柔道を経験していない一般人（社会人・学生）の四群の平均点を比較してみた。なお、妥当性の検証にあたっては、可能な限り有効回答数を確保する観点から、各尺度を構成する項目の70％以上に回答したものを分析対象として採用し、欠損値にはそれぞれの平均点を代入した。

①から④の属性を独立変数、それぞれの下位尺度得点の平均を従属変数とした一元配置分散分析を行い、両因子ともに主効果が認められることを確認したうえで、多重比較（Tukey HSD法）を試みた（表3－5）。その結果、「気息を外す動き」、「陰陽の使い分け」ともに平均点は②柔術修行者が他のすべての群に対して有意に高く（p<.01）、④一般人は①柔道競技者に対して有意に高い（p<.01）という結果となった（表3－5）。

江戸時代から続く武技・武芸を競技化しないまま受け継いでいる柔術修行者については、ヨーロッパの格闘技である③レスリング競技者や、柔道競技を経験していない④一般人と比較して「柔の理」

表3-5　調査対象ごとの「柔の理」の定着度の比較

	① 柔道 競技者 n＝256		② 柔術 修行者 n＝101		③ レスリング 競技者 n＝66		④ 一般人 n＝253		F値 (3, 672)	多重比較
	M	SD	M	SD	M	SD	M	SD		
気息を外す動き	2.64	.71	3.27	.58	2.70	.52	2.86	.61	29.94**	②>①, ③, ④ ④>①
陰陽の使い分け	2.57	.65	3.22	.68	2.62	.49	2.79	.54	29.40**	②>①, ③, ④ ④>①

**：p<.01

を踏まえた動きや戦術を重視していること、またその傾向は、競技化されたスポーツ選手である①柔道競技者よりも強いことが予測されたが、本結果はそれを肯定するものとなった。したがって、古来の武技・武芸を継承している②柔術修行者は、他の群よりも「柔よく剛を制す」動きを重視する傾向があり、「柔の理」が現在も確かに継承されている様子を見取ることができた。これにより、本尺度の構成概念の妥当性が確認できたものと考える。

しかし一方で、我が国の古流武術に源流をもち、創始者自らが「柔の理」をもとに技の理合いを組み上げたと宣言する柔道の競技者については衝撃的な結果が出た。授業程度でしか柔道を経験していない一般人よりも「柔よく剛を制す」動きを重視しておらず、レスリング競技者と比べても同レベルに過ぎなかったのである。

今回、柔道競技者の調査対象者は高校・大学生の競技者が中心となっていたため、この結果をもって柔道競技者全般の傾向を断定するには早計である。が、少なくとも競技柔道の選手においては「柔の理」が重視されておらず、その結果「柔よく剛を制す」動きが形骸化している可能性が示された。つまり、現代柔道においてスポーツ化は制度やルール上の問題にとどまらず「わざ」の変容として進行しており、そしてそれが海外選手の問題ではなく、まぎれもなく我が国の柔道選手の問題であるという本論の主張の妥当性が示唆されたのである。

第六節　「柔よく剛を制す」を数値化して見えたもの

一．「わざ」の変容を定量化するための道筋

今回の研究では、「わざ」の喪失というこれまでにない視点から柔道のスポーツ化を検討するにあたって、その把握に至るキー概念を「柔の理」という柔道の伝統的な「わざ」の理合いに求めることにした。この研究のこだわりは、「わざ」の理合いとしての「柔の理」の把握をこれまでのように定性的な理解にとどめず、測定尺度の開発を試みることにより、「柔よく剛を制す」動きの定着度として定量的に把握することをめざした点にある。柔道のスポーツ化という現象を文化としての動きである「わざ」の変容と捉え、その実態を定量的に把握することによって記述しようとする試みである。

その手続きについては、すでにここまでの記述で詳しく解説したため繰り返しを避けるが、一連の調査において、「気息を外す動き」と「陰陽の使い分け」の二因子、20項目からなる「柔の理定着尺度」を開発することができた。これは、我が国の伝統的な徒手格闘技に継承されている「柔の理」の定着状況が、「柔よく剛を制す」動きとして定量的に把握でき、それは「気息を外す動き」という具体的な動きやテクニックの側面と、「陰陽の使い分け」という戦術選択の側面から構成されることを示唆するものである。また、我が国の柔術に伝わる「柔の理」の特徴に、柔の絶対的優位を説く老子的立場と柔剛一体・柔剛兼備を説く易経的立場があるとされてきたが、具体的な動きやテクニックにおい

ては前者の立場が発揮され、戦術選択や判断においては後者の立場が発揮されることも示唆された。同時に、尺度の妥当性の検証を行う過程において、競技化されていない古来の武技・武芸を継承している古流柔術修行者に「柔の理」が継承されていることも実証された。

以上のような結果により、これまで「柔の理」は定性的な理解をもとに競技者や指導者の感覚的で情緒的な把握に委ねられてきたが、今回の尺度の開発によって「柔よく剛を制す」動きや戦術の定着度として定量的に把握することが可能となった。これによって、柔道のスポーツ化の理解を「わざ」の変容として定量的に把握するための道筋が整ったものと考える。

また、この測定尺度の開発は、柔道のスポーツ化研究にとどまらず他の分野に対しても新たな展望をもたらす。それは、教科体育で行われる柔道学習の充実に関する可能性である。文部科学省が学習指導要領の改訂の趣旨を踏まえた指導書として発行している柔道指導の手引（三訂版、2012）では、武道の固有性を修養的・鍛錬的な性格に求め、伝統文化に関する学習内容を克己心や相手を尊重する態度など道徳的な心の涵養として位置付けている。すなわち、柔道における伝統文化の学習は、運動と直接関連のない汎用的な道徳的態度の問題として整理されているのである。

しかし、この測定尺度の開発は、柔道の伝統文化としての価値が「柔よく剛を制す」動きの定着状況として可視化できることを意味している。それは、これまでの単に「知識」の習得としてしか指導・評価できなかった伝統文化の学習が、「技能」の体得の問題として指導・評価可能な対象となったことを意味する。換言するならば、体育の中核である運動学習のなかに、伝統文化を位置付けることへの可能性を提示したものと言える。

第二章において、「充実した力の衝突の回避を旨として、状況に合った臨機応変自在な変化をする」という闘い方の極意を示す「柔の理」は、剣術流派が説く剣の理合いと違和感なく調和することを指摘した。剣術や剣道においては「柔の理」という言葉を表立って使用することは少ないが、「柔よく剛を制す」動きは古流柔術や柔道の専売特許ではなく、剣術やそれを継承する剣道においても理想的な闘い方である。今後、本尺度を改良しながら剣術修行者や剣道選手への調査を実施することにより、柔道と剣道の共通性を定量的に実証することができれば、剣道も含んだ武道領域の学習に共通した「わざ」の存在が提示できる可能性も期待できるのではないだろうか。

二．変容する柔道選手の動き

一方、尺度開発を行うなかで、柔道のスポーツ化に関する新たな問題が提示された。それは、柔道競技者に「柔の理」の継承が見られないという問題である。古流柔術修行者には「柔よく剛を制す」動きを重視する傾向が見られ、仮説どおり「柔の理」が継承されている様子が見られたにもかかわらず、柔道競技者については尺度得点の平均が一般人より低く、レスリング競技者と同程度であるなどの傾向を示したのである。これは、現代の柔道競技者は相対的に「柔よく剛を制す」動きを重視していない傾向にあり、柔道は動きにおいてもスポーツ化している可能性が示唆されるという衝撃の結果であった。

古流柔術と柔道を隔てる壁は、それが競技化されたスポーツであるか、古来の武術を競技化することなくそのまま継承しているかという点にある。薮（２０１１）は、柔道の創始者である嘉納治五郎の事績について、「嘉納は、柔術に国民教育、とりわけ近代体育の装いを纏わせて柔道へと再構成しながら、同時にその新しい文化に諸外国との対比で強調される日本古来の精神や気風を示す、シンボリックな意味を付加すべく試みた」と述べている。本来、柔道には競技スポーツと古来の武術という二つの側面が担保されていたはずであった。しかし、エスニックスポーツであった柔道は、その発展過程において主体的にスポーツ的要素を取り入れ[(3)]、今やオリンピックと結び付いたグローバルな競技スポーツとして存在せざるを得なくなっている。

今回の結果を踏まえるならば、我が国の徒手武術からの伝統であり柔道の根本原理であった「柔の理」が、オリンピックスポーツとしての競技柔道においてはすでに重視されなくなっている可能性が示された。それは、競技スポーツとしてのＪＵＤＯが肥大化し、古来の武術を継承する講道館柔道の存在感が限りなく薄れつつある状況が浮き彫りになったと言えるのではないだろうか。同時にそれは、スポーツ化によって喪失するものが文化としての「わざ」にも及ぶことを如実に物語っているとも言える。柔道の伝統にかかわるアイデンティティの変容は、「わざ」の喪失として実体化している可能性が高い。

以上、今回得られた知見は、柔道からの伝統文化の脱色の実相が、「わざ」の変容すなわち「柔よく剛を制す」動きの消失にあるという本論の仮説を支持するものであると言えよう。

創始者である嘉納治五郎自身が語るように、「柔の理」は柔道というローカルな身体運動文化の姿形を規定する最も重要な概念として重視すべきものである。柔道のスポーツ化という問題は、巷間よく指摘されるような柔道着の色やルールという制度や形式の範疇にとどまらない。技の理合いの変容による動きの変質という、運動としてより根源的な部分で進行している可能性がある。柔道は「わざ」においてスポーツ化しつつある。

また今回の結果は、「正しい柔道」や「本来の柔道」を信じる我が国の柔道家にとっては大変残念な状況であろう。一般に言われるように、柔道のスポーツ化は海外の柔道の問題ではなく、ほかでもない日本の柔道の問題として理解すべきことを示唆している。これまでの定型的な柔道のスポーツ化論は、我が国の武道の伝統は修養主義的な価値観にあり、それは欧米的な消費スポーツの娯楽性や競技性と相容れないものであるとする武道論のうえに成立してきた。この流れに沿って、柔道のスポーツ化は誤った海外のＪＵＤＯに対する真正な日本柔道という語りによって論じられてきたのである。しかし、今回の結果はこの教条主義的な理解を改める必要性があることを示したのである。

ただし、ここまでの研究については限界があることも指摘しておかねばならない。それは、本調査において調査対象の年齢幅や平均年齢がグループ間で統一できていない点にある。今回は、現代柔道が競技スポーツとして存在しているため、調査対象者が高校生及び大学生のアスリートが中心となってしまった。一方で、古流柔術修行者は愛好者を含めより幅広い年齢層が調査対象となり、高い年齢層の者も含まれている。そのため、調査対象者のこのような年齢層の違いが結果に影響を及ぼしている可能性があり、この段階で、柔道という運動文化そのものに「柔の理」から生まれる「わざ」が失われていると断ずるのにはより慎重であらねばならない。

今回、柔道に見られた傾向は、あくまでも「20歳前後のアスリートとしての柔道競技者が『柔よく剛を制す』動きへの認識においてレスリング競技者と差がなく、古流柔術修行者はもとより、一般人よりもそれを重視する傾向が低い」という事実のみを提示したものと考えるのが妥当であろう。今後、柔道競技者の年齢や経験年数等を拡大し、それらの影響を検討したうえで今回の調査結果を比較する必要がある。柔道競技者を対象に、さらに詳細な調査を実施することによって柔道のスポーツ化の全体像を明確にしていく必要がある。この課題については、次章で検討していくこととしたい。

■注

(1)三角測量（triangulation）に由来する用語。複数の専門家の意見や調査者を準備したり、データや手法などを用いたりして、多角的な視点を確保することによって研究の妥当性を高める手法である。

(2)古流柔術については、江戸時代から続いている流派柔術を対象とし、現在盛んに行われている総合格闘技系の柔術やブラジリアン柔術は対象としていない。合気道については、現代武道の一つであるが、競技スポーツ化されておらず、技能においても近代化以前の形態をとどめているため古流柔術の一つとみなした。

(3)永木（２０１４）は、「嘉納が柔道をスポーツ化した」という定説に対し、「嘉納は柔道を普及させるために、一部を競技化したに過ぎない」としながらも、「大正期後半以降、嘉納の意に反して柔道の競技化・スポーツ化が促進されていった」ことを指摘している。また、永木（２００８）は、第二次大戦後、ＧＨＱによる学校柔道の禁止令を解く際に「柔道は近代スポーツである」という便法が活用されたこと、そしてその後、伝統的な武術との狭間で揺れ動きながら時代とともにオリンピックスポーツに吸収されていった過程を詳述している。

■引用・参考文献

・本田可奈子、三宅千鶴子、八尾みどり、久留米美紀子、豊田久美子（２０１２）三次救急外来において看護師が特に重要と考える看護実践．人間看護学研究、10：15‐24頁．

・児玉文雄（1974）システム工学における考え方（その2）．日本舶用機関学会誌、9（2）：183‐185頁．
・毎日新聞（2016）待ったなし大相撲ピリリと辛い小兵力士．https://mainichi.jp/articles/20160602/dde/035/070/053000c（2020年7月14日参照）
・文部科学省（2012）学校体育実技指導資料第2集 柔道指導の手引（三訂版）：6‐7頁．
・永木耕介（2008）嘉納柔道思想の継承と変容．風間書房、171‐286頁．
・永木耕介（2014）〝柔道〟と〝スポーツ〟の相克．菊幸一編．現代スポーツは嘉納治五郎から何を学ぶのか．ミネルヴァ書房、155‐190頁．
・中嶋哲也（2018）近代日本の武道論〈武道のスポーツ化〉問題の誕生．国書刊行会、528‐531頁．
・中西純司（2012）「文化としてのスポーツ」の価値．人間福祉学研究、5（1）：7‐23頁．
・大槻博（2002）デルファイ法と数量化理論Ⅲ類による学問分類の作業仮説．経営・情報研究、6：51‐60頁．
・寒川恒夫（2014）日本武道と東洋思想．平凡社、307‐321頁．
・藪耕太郎（2011）柔術の起源論を巡る言説上の相克．有賀郁敏、山下高行編著．現代スポーツ論の射程．文理閣、116‐137頁．
・頭川昭子（1995）舞踊のイメージ探究．不昧堂出版、74‐77頁．

第四章

「わざ」を失った柔道選手

第一節　柔道の「わざ」を問う

一．柔道選手の「わざ」への疑問

前章までに、本書における問いを客観的な論証によって解決するための測定用具として、「柔の理定着尺度」の開発に取り組んだ。「柔の理」のような「わざ」の極意に関する差異は、必然的にバイオメカニクス的に規定される量的な変化で測定できるものではなく、柔道実践者の基本姿勢や考え方の基軸にかかわって顕在化する動きの質の違いとして把握される。したがって、今回の研究において作成された尺度は、実践者の「柔よく剛を制す」動きに対する認識の違いを測定するものとして作成されている。

この尺度作成の過程においては、今後の研究に向けた大きな課題が示された。それは、柔道競技者における「柔の理」の定着度の低さである。柔道は、創始者である嘉納治五郎自身が「柔道は一言をもってこれをいえば、柔の理に基づいて心身を鍛錬する方法である」（嘉納、１９１１）と宣言しているように、その技能体系の根本原理が「柔の理」から着想されていることは、これまで明らかにしてきたとおりである。嘉納は後に「柔の理」に対して近代合理主義的な観点から発展的な解釈を試み、「精力善用」という言葉でそれを解説するようになるが、そのベースが古来の「柔の理」にあり（籔根ほか、１９９９／永木、２００８／寒川、２０１４）、現在でも「柔よく剛を制す」動きや技が柔道の理想であることは間違いない。

しかし、今回の調査のなかでは、柔道競技者の尺度得点は、授業程度でしか柔道を経験していない一般人よりも低く、ヨーロッパ発の格闘技であるレスリング競技者と同等であったという驚きの結果が得られた。とりわけ、古流柔術修行者が今でも「柔よく剛を制す」を意識した動きや戦術を選択する傾向があるにもかかわらず、柔術から発展した柔道競技者にはそれが見られなかったことは、今後の柔道のスポーツ化研究に対して大きな示唆を与える。今回の調査結果は、現在の柔道競技者が、我が国の徒手武術を特徴付け、柔道を柔道たらしめる原理であったはずの「柔の理」を重視していないという可能性を示唆しているのである。

古流柔術と柔道を隔てる壁は、それが競技化されたスポーツであるか、古来の武術を競技化することなくそのまま継承しているかという点にある。古流柔術においては今も競技大会がもたれることはない。その修行者は勝敗を競うのではなく、己が術の錬磨にいそしんでいる。もちろん、武術である以上、相手に勝つことが直接的な修行の道標となることは間違いない。しかし、それは修行者にとって究極の到達点ではない。伝統的な武術における「事理一体」の境地は、「わざ」の到達点に他者への勝利は位置付けられていない。それは、自己の完結へといざなわれなければならないのである。そして、その自己の完結へといざなう道理が、「わざ」の原理としての「柔の理」であったはずである。

しかし、現在の柔道はオリンピック競技の種目として発展している。もちろん、そこに教育的な副次効果が存在していることは否定しないが、競技においては勝つことが実践者の究極目標になることは間違いない。さらに言うならば、ルールという制約のもとでは「柔の理」は必勝の原理たり得ない。

競技スポーツに卓越したskillやtechniqueは必要であるが、それが文化的な動きである「わざ」である必要性はないのである。

したがって、今回の尺度の妥当性を検証する過程で得られた知見は、競技スポーツとしての在り方が「わざ」に与える影響を端的に示したものと推察できる。まさに柔道は、古来の武術から引き継いだはずの「わざ」において、スポーツ化している可能性が提示されたのである。現代の柔道の動きや技の変化は、日本を象徴するエスニックスポーツとしてのアイデンティティ喪失という重大な危機を意味している可能性がある。それは、これまでの欧米の消費スポーツ的価値観の浸潤によるいわゆる武道精神の劣化として理解されてきた柔道のスポーツ化論に、「わざ」の変容という新たな地平が開かれたことを意味している。

しかし残念ながら、今回の調査では、対象となった者の年齢幅や平均年齢が群間で統一できておらず、とりわけ、柔道競技者の調査対象が高校生・大学生のアスリート中心となってしまった。これは、現代の柔道が学校における競技スポーツとして普及しているために、調査対象が限定されてしまったことに起因している。一方で、古流柔術修行者については愛好者も含めてより高い年齢層への調査が実施できており、このような年齢層の違いが結果に影響を及ぼしている可能性があることを考慮しながら今後の考察を進める必要がある。それは単に、年齢や競技年数の長短による技の巧拙の問題である可能性も排除できない。したがって、ここまでの結果においては、柔道の競技化と「わざ」の変容の間に関連がある可能性があるという、あくまでも仮説が導き出されたに過ぎないことを確認しておきたい。

現在の柔道が古来の柔術につながるエスニックスポーツであるならば、そのスポーツ化の影響は競技という文脈に適合したルールや制度の変化だけではなく、運動の中核である動きや技に大きな影響を与えている可能性がある。よって本章では、この仮説をより詳細に検討せねばならないが、そのためには、調査対象を若い競技者に限定することなく愛好者を含めた高齢の実践者に拡大する必要がある。そのうえで、今回開発された「柔の理定着尺度」を活用し、実践者の年齢や競技年数の長短、段位や柔道実践に向かう動機などの視点から、「わざ」の変容と競技化の関係において柔道のスポーツ化の内実に迫ることとする。

第二節　柔道の「わざ」調査の基本設定

一．柔道の「わざ」を検証するための手続き

第一節において、柔道の競技化と「わざ」の変容との間に関連があるという推論が提示された。本章では、この推論の証明に取り組むために、今回の研究で開発された「柔の理定着尺度」を用いた調査を行うこととする。

「柔の理定着尺度」は、「柔よく剛を制す」動きや戦術に対する実践者の認識状況を量的に測定・把握できる尺度であり、「気息を外す動き」と「陰陽の使い分け」といった二因子20項目からなる（第三章第五節を参照）。

調査対象については前章における課題を踏まえ、大学体育会所属の学生競技者とともに、高い年齢層を含んだ現役アスリート以外の柔道愛好者や指導者を確保し、幅広く現代柔道の実践者の実態を捉えることに配慮する。現役アスリート以外の愛好者、とりわけ高い年齢層への調査は柔道の現状からまとまったサンプルの確保が難しい。そこで本調査では、公益財団法人講道館の協力を得て、一般人が多数参加する夜間・一般稽古における調査を行うこととした。

本調査においては、幅広い柔道実践者を対象とするため、「柔の理」への認識状況について認識が異なる群が存在する可能性がある。したがって、得られた結果については、はじめにクラスター分析

を用いて柔道実践者のセグメンテーション（群分け）を行ったうえで、クラスター分けされたそれぞれの群の特徴を検討する。その後、「柔の理」への認識状況についてクラスター分けされた各群と「競技者」、「指導者」、「愛好者」という属性の連関について、χ^2検定を用いてそれぞれの構成人数の違いを検討する。また、クラスター分けされた各群に対し、年齢、修行年数、段位、柔道の稽古目的のそれぞれを従属変数にした一元配置分散分析を適用し、各因子において主効果を認めた場合は多重比較を行う。

以上のような手続きを経て、柔道の「わざ」の変容と競技化の関係を明らかにすることとする。

二．「わざ」調査の内容

調査内容は、①フェイスシート（「属性」、「年齢」、「性別」、「修行年数」、「段位」、「稽古の目的」で構成）、②柔の理定着尺度によって構成されている。②についてはSD法を用いて柔と剛（非柔）を対置させ、それぞれの間を4～1と数値化したスケールを設定し、4段階リッカート尺度による回答を求めた。

なお、フェイスシートにおける「属性」は、前節において競技化が「わざ」の変容に関連する可能性が示唆されたため、競技に対する向き合い方によって分類することとした。すなわち、競技大会への出場を主な活動とする「競技者」、柔道実践者へのコーチングを主な活動とする「指導者」、柔道そのものを楽しむことを主な活動とする「愛好者」の別であり、この区分によって各自の属性について回答を求めた。

また、稽古の目的については、同様の理由によりそれぞれの属性に対応するものとし、競技柔道の選手として「勝つため」、指導者として「指導力向上のため」という項目を設定した。愛好者については レクリエーション的な接し方として「楽しむため」、修行的な接し方として「究（極）めるため」に区別して把握することとした。また、四つの稽古目的は、定和尺度を用いて個人内でそれぞれの動機が占める割合を百分率であらわしている。

三．「わざ」調査の対象と時期及び方法

２０１６（平成28）年６月〜10月、講道館における一般稽古に参加した柔道実践者及び大学体育会所属の柔道部員を対象に、柔の理定着尺度を用いた質問紙調査を行った。調査にあたっては、東京及び関西学生柔道連盟の上位ランクの大学４校の体育会柔道部所属学生（全日本強化選手から全国大会出場及び地方大会上位レベルまでの男子学生82名、女子学生12名）とともに、講道館の夜間・一般稽古参加者（男子１１１名、女子８名）を対象にした（表４－１）。

柔道は競技スポーツとして定着しているため、これまでの多くの研究では、その対象が学校の柔道部や実業団所属の選手に限定されがちであった。今回の研究においても、現代の最も典型的な柔道実践者として、大学体育会柔道部の選手のデータを得ることとしたが、それらは競技志向の強い体力のある若い世代の傾向を色濃く反映していることが予測できる。

そこで、この研究においては選手の属性や年齢の違いから生ずる柔道に対する見方・考え方の違い

表4-1　調査対象・時期・方法

	人数	平均年齢 (歳±SD)	年齢幅	調査時期	調査方法
講道館	119	51.4±17.4	18-84	2016.6.9-6.11	面接
大学生	94	19.8±1.3	18-24	2016.6.1-10.31	郵送・集合
合　計	213	37.3±20.3	18-84		

が重要な意味をもつ可能性があると考え、競技志向の強い学生競技者以外に、自由な立場と目的で稽古に参加ができ、高齢の柔道愛好家等のデータが得られる講道館の夜間・一般稽古の参加者を調査対象に加えることとした。講道館の夜間・一般稽古（16時〜20時）は、初心者から熟練者、あるいは少年から社会人まで幅広い柔道愛好家に大道場を自由に開放し、本人の希望する日に随時稽古に参加ができ、講道館指導員の指導を受けることができるものである。

調査は２０１６年６月９日（木）〜11日（土）の３日間に道場の受付において調査員３名と対面で行われ、当日参加者へ随時調査用紙を手渡し、目的や留意事項を個々に説明をしたうえで同意を得た者のみに回答を求めた（回答数１１９／配布数１１９、回収率１００・０％）。この３日間については、近々行われるマスターズの大会に参加を予定している男性社会人愛好家を中心に学生や外国人なども含め多くの参加者があった。

大学生については、柔道部の指導者に目的や留意事項を説明したうえで、調査用紙を郵送するとともに、各学生の同意を得て調査用紙を配布しその場で回答を求めた。回収については、再度郵送にて行った（回答数94／配布数１３０、回収率72・３％）。その結果、調査対象となった柔道選手の属性を競技者46・５％、指導者14・６％、愛好者35・７％の割合に配分することができ、年齢幅についても18～84歳（平均年齢37・3±20・3）と広い世代を対象にすることができた。

調査にあたっての倫理的配慮として、公益財団法人講道館に研究及び調査の趣旨、研究手続き、調査内容及び手法等を文書にて説明し、これらについて瑕疵や疑義、人権にかかわる問題等がないか該当部署の会議にて確認をいただいた。また、面接調査を行う際には、調査者から個別に、①回答は任意であり強制されないこと、②データの目的外使用をしないこと、③調査用紙やデータの管理を厳重に行うこと、④研究の目的を達成した場合は回答を廃棄処分することなどを説明しながら実施した。また、大学柔道部の監督・責任者に対しても同様に文書等にて確認を得るとともに、①～④の事項を集合調査の際に説明していただけるよう依頼した。

四．「わざ」調査の結果の統計処理

調査により得られたデータは、最も「柔」の傾向を示す回答を4点、最も「剛（非柔）」の傾向を示す回答を1点として換算した。そのうえで、「柔の理」に基づいて現在の柔道選手を分類し、その実態を素描するために、「柔の理」を構成する「気息を外す動き」及び「陰陽の使い分け」の因子得点をもとに柔道選手の全サンプル（n＝213）に対するクラスター分析（Ward連結法）を実施した。また、分類された各群については、それぞれの特徴を把握するために、各々の因子得点（下位尺度得点）を従属変数とした一元配置分散分析を行い、主効果を確認した後に多重比較（Bonferroni法、$p<.05$）

を実施した。

以上の手続きを経たうえで、クラスター分析によって分類された各群における「属性（競技者、指導者、愛好者）」について χ^2 検定（$p<.05$）を行い、統計的な有意差を確認した。また、それぞれの群について、「年齢」・「段位」・「修行年数」・「稽古目的」の各々を従属変数とした一元配置分散分析を実施し、主効果が得られた場合は多重比較（Bonferroni法、$p<.05$）を試みた。

分析にあたっては、可能な限り有効回答数を確保する観点から、それぞれの下位尺度を構成する項目の70％以上に回答したものを分析対象として採用し、欠損値については本人の全回答の平均値を代入することとした。なお、統計処理にあたってはSPSS Statistics ver.23を使用した。

第三節　柔道競技の実践者は三タイプ

一．「柔よく剛を制す」動きの重視度による群分け

柔道は、創始者嘉納治五郎が古流柔術から「柔の理」を受け継いでその技能の体系を創り上げたと述べているように、論理的には、「柔の理」によって生成される動きや技が、その理想的な姿となっていなければならない。すなわち、柔道実践者の動きや技は、すべからく「柔よく剛を制す」ことをめざしているはずであったが、先の調査においては、柔道競技者には「柔よく剛を制す」動きを軽視する傾向が見られるという驚きの結果が得られた。現代の柔道競技者の技は、伝統的な「わざ」ではなかったのである。柔道の近代化が実質的に競技スポーツ化を意味することを考量するならば、柔道の「わざ」の喪失は競技化と関連がある可能性が示された。

しかし、前章における調査では、サンプルが高校生から大学生の体育会柔道部員に偏っていた。したがって、比較的若い競技者の技が、「柔よく剛を制す」ことをあまり意識していないものであることは明らかになったが、それは例えば単なる経験の乏しさによる「わざ」の巧拙の影響である可能性も残されている。そのため、本調査においては比較的若い年代から高齢者、柔道競技者から指導者や愛好者など、柔道を実践する多様なモチベーションや幅広い価値観を含む集団を対象に、「柔の理」の認識状況すなわち「柔よく剛を制す」動きの重視度を検討した。

まず、押さえねばならないのは、本調査の対象である柔道実践者は、「柔の理」の認識状況について全員が同一の傾向であるとは限らず、異質な認識を示す群が存在する可能性があることである。そこで、柔道実践者の「柔の理」の認識状況の実態を詳細に検討するため、クラスター分析（Ward連結法）を用いて、「柔の理」を構成する「気息を外す動き」及び「陰陽の使い分け」の因子得点をもとに、調査対象となった実践者についてセグメンテーション（群分け）を試みた。

はじめに、各グループのn数のバランスを考慮し、クラスター数（群ごとの人数）を変化させながら検討を行った。その結果、クラスター1（n＝84人）、クラスター2（n＝79人）、クラスター3（n＝50人）という三つのクラスターによる分類が最適なものとして見出された。その後、各クラスターの特徴を把握するために、それぞれの因子得点を従属変数とした一元配置分散分析を行い、主効果を確認した後に多重比較（Bonferroni法、$p<.05$）を試みた（表4－2及び図4－1）。

クラスター1については、「柔の理」を構成する二因子のうち、「気息を外す動き」因子の得点がクラスター3より低いが、クラスター2よりは有意に高くなった。また、「陰陽の使い分け」因子の得点は、クラスター2と同様にクラスター3よりも有意に低くなった。この群の特徴は、「気息を外す動き」因子の得点のみがやや高い傾向にあることにあり、本グループを「気息傾向群」と命名した。

クラスター2については、「気息を外す動き」因子の得点が他の群に比べて有意に低く、「陰陽の使い分け」因子についてはクラスター1と同等にクラスター3より有意に低い傾向にある。このように、「柔よく剛を制す」動きや技を重視していないという特徴が見られたため、「柔の理軽視群」と命名した。[1]

表4-2　クラスターごとの「柔の理」因子得点の比較

因子名	クラスター1 n=84	クラスター2 n=79	クラスター3 n=50	有意差
気息を外す動き (SD) (Min.-Max.)	32.50 (4.08) (27-44)	23.81 (3.74) (11-29)	35.92 (3.32) (30-43)	F（2, 210）=185.55*** C3＞C1, C2*** C1＞C2***
陰陽の使い分け (SD) (Min.-Max.)	21.57 (3.42) (9-26)	22.79 (4.51) (11-36)	28.76 (3.37) (23-36)	F（2, 210）=58.17*** C3＞C1, C2***

＊＊＊：p<.001

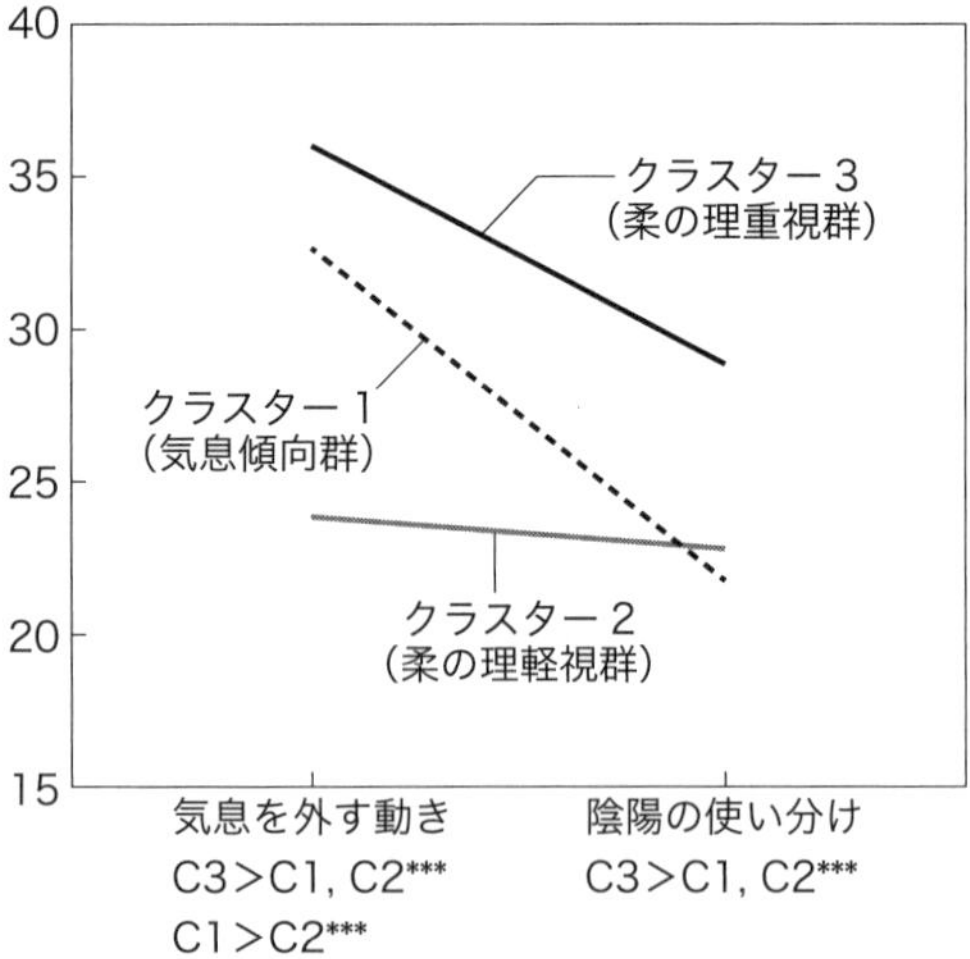

図4-1　因子得点をもとにしたクラスター1～3の特徴

クラスター3については、両因子の得点が他の群に比べて有意に高い傾向があり、「柔よく剛を制す」動きや技を比較的重視しているグループであると推定し、「柔の理重視群」と命名した。

「気息を外す動き」因子が、「強い力に対しては…すかしたりそらしたりする／より強い力を出そうとする」など具体的な動きやテクニックをあらわす得点であり、どちらかと言えば身体動作レベルの志向性である。これに対して、「陰陽の使い分け」因子は「相手が闘志満々のときには…逆に冷静になる／負けずに闘志を燃やす」などの状況判断をあらわす得点であり、どちらかと言えば意識レベルの戦術思考である。

今回のクラスター分析においては、「陰陽の使い分け」の因子得点のみが高い「陰陽傾向群」は、クラスター数を3と設定した以外の分類でも見出されなかった。これは、状況判断という意識レベルの問題は現実的な動作志向に連動することが多く、それのみが独立して発現することは少ないことを意味するものと考える。これに対して、具体的な動きやテクニックなどは、状況判断と切り離して、選手が主体的にコントロールできるのではないかと推察する。しかし、このことに関してはこの研究のみで断定的な知見を導くことは不可能であり、詳細な検討は今後の研究に委ねたい。

これまでの調査結果を踏まえ、柔道競技者は「柔よく剛を制す」動きや技を重視していないという一律の傾向をもつ集団とみなしてきたが、愛好者や指導者に幅を広げた柔道実践者として見た場合、その内実は、「気息を外す動き」のみを重視する傾向にある「気息傾向群」、動きや技を施す際に「柔の理」を重視していない「柔の理軽視群」、逆に重視している「柔の理重視群」の三グループが存在することが、今回のセグメンテーションによって明らかとなった。

二．三タイプの柔道実践者を読み解く

この柔道実践者の三つのセグメント（区分）については、柔道の競技化による「わざ」の変容を探るために非常に重要な意味をもつものと思われる。よってさらに詳細な検討を行うために、先に行ったクラスター分析により分類された「気息傾向群」・「柔の理軽視群」・「柔の理重視群」の三群に対し、20項目からなる「柔の理定着尺度」の各質問項目の平均点を比較した。具体的には、各群についてそれぞれの質問項目の尺度得点を従属変数にした一元配置分散分析を実施し、主効果を認めた場合については多重比較（Bonferroni法、p<.05）を行った（表4-3、図4-2）。その結果、三群のセグメントは「柔の理」によって以下のように特徴付けられた。

三群のなかで最も特徴の際だった「柔の理重視群」は、すべての項目において「柔」の傾向を示す群である。特に、「2．強い力への対応」、「4．構え」、「5．相手の技への対応」、「8．動きの誘導」、「12．技の防御」といった五つの「気息を外す動き」や、「1．闘志への対処」、「10．闘志の表出」、「15．戦術の組み立て」、「16．攻めへの対応」、「18．戦術の変更」、「19．視線の衝突」といった六つの「陰陽の使い分け」については、原理原則を強く意識しながら柔道をしている様子がうかがえる。これらの項目は、どちらかと言えば競技場面における複雑なかけひきと言うよりも、柔道の基本姿勢において力を抜くことや衝突を避けるという理想に留意する項目である。したがって、「柔の理重視群」は柔道の実戦での勝敗よりも、むしろ「柔の理」を基本とした理想的な動きや技を追求している群で

あることが推察できる。
「気息傾向群」については、「気息を外す動き」のうち「6．技の選択肢」、「7．守勢のときの対応」、「11．先手の取り方」、「14．重視する動き」、「17．相手の防御への対応」、「20．守りから攻めへの変化」等の実戦的な攻防の動きにおいて「柔の理重視群」と同程度に「柔」の傾向（多重比較＝n.s.）を示している。一方で「陰陽の使い分け」においては「1．闘志への対処」、「3．素早い動きへの対処」、「9．激しい動きへの対処」、「13．セルフコントロール」、「16．攻めへの対応」といった気力や気迫などを前面に出すような競技の心理面にかかわる項目で、「柔の理軽視群」と同程度に「剛（非柔）」の傾向（多重比較＝n.s.）を示している。したがって、「気息傾向群」は、柔道の理想的な動きとして「柔」を追求しようとしている「柔の理重視群」にくらべ、「柔」を意識しながらも競技スポーツとしての現実を想定し、「柔」と「剛（非柔）」の融合や妥協をはかろうとする群と推察できる。

古流武術にはルールなどという制限はなく、例えば急所攻撃や目潰しなど、「柔よく剛を制す」ために必要な自由な技の発揮が許されている。それに対して、競技スポーツはあくまでも制約や条件を設けた闘いであり、「柔よく剛を制す」ための技と言えどもそれはルールの範囲内に制限されている。必然的に、闘いにおいては自らのパワーやスピードを頼みとする攻防に頼る割合が高くならざるを得ない。つまり、ルールという制約のある闘いにおいては、「柔よく剛を制す」がベストの選択とは言えない場面も多々あるということであり、「柔よく剛を制す」動きである必要もない。「柔の理」は、あくまでも、例えば目潰しなど身体の急所を狙う危険な技の使用に制限がないという条件下において十分な効力を発揮するものであり、そのような意味では、「柔よく剛を制す」は近代化されていない「武

表4-3　クラスターごとの「柔の理定着尺度」質問項目の得点の比較

		1. 気息傾向群(SD)	2. 柔の理軽視群(SD)	3. 柔の理重視群(SD)	有意差
気息を外す動き	2. 強い力への対応	2.93(.71)	2.23(.89)	3.60(.49)	F=53.74*** (3＞1＞2)
	4. 構え	2.93(.88)	2.44(1.03)	3.68(.59)	F=30.01*** (3＞1＞2)
	5. 相手の技への対応	3.13(.64)	2.32(.76)	3.46(.73)	F=47.02*** (3＞1＞2)
	6. 技の選択肢	2.85(.84)	2.03(.86)	3.02(.98)	F=25.56*** (3, 1＞2, 3＞1　n.s.)
	7. 守勢のときの対応	3.13(.71)	2.38(.94)	3.42(.78)	F=29.40*** (3, 1＞2, 3＞1　n.s.)
	8. 動きの誘動	3.04(.67)	2.23(.93)	3.50(.68)	F=45.04*** (3＞1＞2)
	11. 先手の取り方	2.85(.81)	2.05(.89)	2.78(1.03)	F=18.36*** (1, 3＞2, 1＞3　n.s.)
	12. 技の防御	2.85(.75)	2.17(.94)	3.34(.80)	F=32.05*** (3＞1＞2)
	14. 重視する動き	2.89(.84)	2.06(.88)	2.82(1.00)	F=20.09*** (1, 3＞2, 1＞3　n.s.)
	17. 相手の防御への対応	2.99(.70)	2.03(.93)	3.24(.85)	F=41.90*** (3, 1＞2, 3＞1　n.s.)
	20. 守りから攻めへの変化	2.93(.74)	1.89(.82)	3.06(1.08)	F=40.65*** (3, 1＞2, 3＞1　n.s.)
陰陽の使い分け	1. 闘志への対処	2.21(.85)	2.25(1.06)	3.22(.79)	F=22.06*** (3＞2, 1, 2＞1　n.s.)
	3. 素早い動きへの対処	2.37(.94)	2.98(2.98)	2.94(.91)	F=10.53*** (2, 3＞1,2＞3　n.s.)
	9. 激しい動きへの対処	2.40(.78)	2.96(.87)	3.24(.72)	F=18.80*** (3, 2＞1, 3＞2n.s.)
	10. 闘志の表出	2.33(.88)	2.28(1.02)	3.28(.73)	F=22.12*** (3＞1, 2,1＞2　n.s.)
	13. セルフコントロール	1.91(.77)	2.19(1.01)	2.74(1.12)	F=12.04*** (3＞2, 1, 2＞1　n.s.)
	15. 戦術の組み立て	2.67(.94)	2.47(.97)	3.24(.94)	F=10.39*** (3＞1, 2, 1＞2　n.s.)
	16. 攻めへの対応	2.42(.88)	2.48(.95)	3.32(.65)	F=20.09*** (3＞2, 1, 2＞1　n.s.)
	18. 戦術の変更	2.64(.83)	2.61(1.03)	3.24(.85)	F=8.68*** (3＞1, 2, 1＞2　n.s.)
	19. 視線の衝突	2.61(1.03)	2.57(1.08)	3.54(.84)	F=17.02*** (3＞1, 2, 1＞2　n.s.)

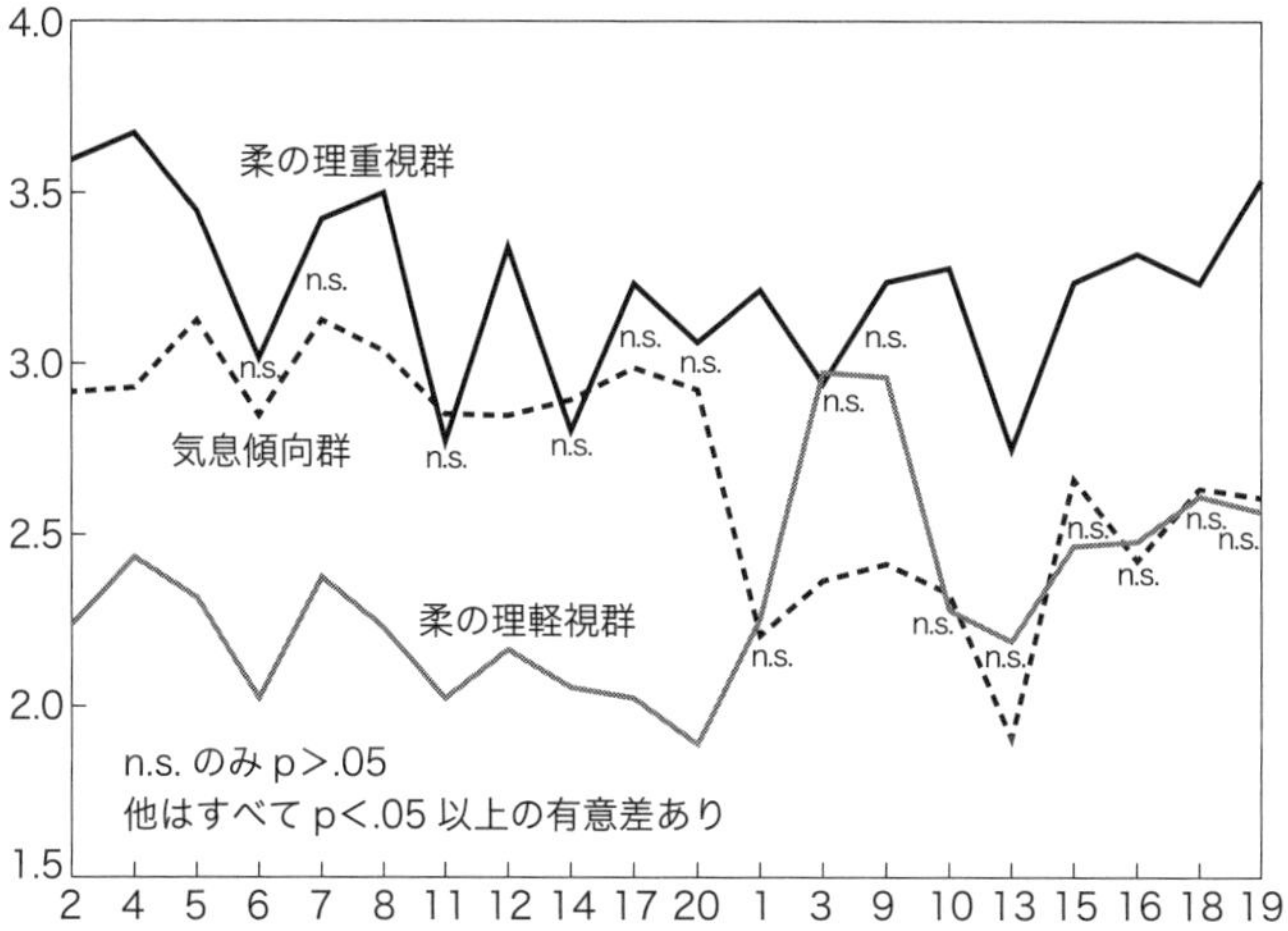

図4-2 「柔の理定着尺度」質問項目の得点をもとにしたクラスターの特徴

術の理想」なのである。このような事情を考慮するならば、「気息傾向群」は、武術としての理想を抱きながらも、競技スポーツとしての現実との妥協に直面する柔道実践者の姿なのかもしれない。

最後に「柔の理軽視群」であるが、「気息を外す動き」のすべての項目において他の二群よりも「剛（非柔）」の傾向が強く、「陰陽の使い分け」においては「10．闘志の表出」、「15．戦術の組み立て」、「18．戦術の変更」、「19．視線の衝突」の項目について「剛（非柔）」の傾向を示している。ただし、「3．素早い動きへの対処」や「9．激しい動きへの対処」など、素早くあるいは激しく動く相手には、「柔の理重視群」と同程度に「柔」の意識が高くなる傾向が見られる（多重比較＝n.s.）。この傾向については、本調査によってその要因を特定するのは困難であるが、あえて推論を加えるならば以下のとおりである。日本人アスリートには、「体力・運動能力は先天的にハンディがある」という意識が通奏低音のように存在する（笹生、2021）。速い動きや激しい動きなどスピードにかかわる競技力は、先天的な資質やセンスに支配される部分が多いと考えられる。したがって、この二項目の情況設定が最もそれを触発する場面であり、「柔の理軽視群」が競技者としてこの状況に直面することが多いという可能性がある。しかし、総じて、本群は競技場面での実戦的な攻防において「剛（非柔）」を意識している点に他の二群とは異なる特徴が見られる。したがって、本群は「競技スポーツとしての現実」に最も即した柔道を行っていることが推察できる。

このように、柔道実践者は「柔の理」への認識において同質の集団ではなく、大きく三つのタイプに分類されることが明らかになった。このことを裏付けるような興味深い指摘が、永木（2008、104-109頁）によって提示されている。

永木は、嘉納治五郎が「スポーツへの単純な同化を肯定せず、柔道とスポーツの間に明らかな一線を引いていた」にもかかわらず、「『競技スポーツとしての柔道』路線は戦後の長期間に及んで柔道の在り方に影響を及ぼしていく」ことになったため、「積極的」と「消極的な適応」、「否定」という三つの姿勢が、柔道界のなかで交錯していくこととなったことを指摘している。今回行った柔道実践者のセグメンテーションにおいては、まさに永木の指摘に対応した結果が示されており、エスニックスポーツとグローバルな競技スポーツとのはざまで、柔道実践者が引き裂かれている状況が明らかとなった。

表4-4　χ^2検定によるクラスター

属性	気息傾向群(79)	柔の理軽視群(78)	柔の理重視群(49)	χ^2
競技者(99)	39(49.4)	47(60.3)	13(26.5)	16.71** d.f.=4
指導者(31)	8(10.1)	10(12.8)	13(26.5)	
愛好者(76)	32(40.5)	21(26.9)	23(46.9)	

**：p＜.01、(　) 内は%

第四節　柔道の競技化が「わざ」を変えた

一．競技者は「柔よく剛を制す」をしない

クラスター分けされた「気息傾向群」、「柔の理軽視群」、「柔の理重視群」の三群について、χ^2検定（p<.05）を用いて「競技者」、「指導者」、「愛好者」の三つの属性との連関を検討した。本調査でいう「競技者」とは勝敗を競うことを目的に柔道を実践している者である。同様に、「指導者」とは部活動あるいは道場や柔道クラブ等で指導者として柔道を実践している者、「愛好者」とは趣味として柔道を実践している者である。自身の属性については、この三つの区分において回答を求めている。

分析の結果、χ^2（4）＝16・71（p<.01）となり、クラスター分けされた各群に対する三つの属性の人数差は有意となった。さらに、得られた結果についてクロス分析を実施した結果、「柔の理軽視群」ほど「競技者」（60・3％）が有意に多いのに対して、「柔の理重視群」は「愛好者」（46・9％）が有意に多い

ことが明らかとなった。また、「気息傾向群」には「競技者」（49・4％）と「愛好者」（40・5％）の二極化傾向が見られることが判明した（表4‐4）。

これは、競技スポーツの現実に目を向けて柔道を実践している「競技者」は、「剛（非柔）」の意識をもって動きや技を行う者が多く、逆に、競技とは距離を保ちながら柔道を楽しんでいる「愛好者」には「柔」を基本とした動きを追求する者が多く存在しているということをあらわしている。また、指導者にはこの両タイプが混在しているということを意味している。つまり、柔道を競技スポーツとして実施している実践者とそうでない実践者とでは、「柔の理」への認識に違いが生じるのである。先にも述べたように、競技スポーツという制限のある闘いのなかでは、「柔」という理想の追求には限界があるが、競技スポーツを離れた「愛好者」は、ある意味武術的な「わざ」の理想世界に遊ぶことが許されるのではないだろうか。

指導者に関する顕著な特徴が見られなかったことは、指導者には学校の柔道部に代表されるような大会参加を主眼に競技者育成を主として行っている者や、地域のクラブや教室・道場などにおいて楽しむことを主眼に愛好者育成を主として行っている者など様々な層があり、指導者の考え方もバラエティに富んでいることが影響しているものと推測できる。この点については、それぞれの指導者の主たる指導対象や場所などを精査できていないため、あくまでも推測の域を出ない。したがって、その断定は今後の調査に委ねる必要があるだろう。

しかし、「柔の理軽視群」に競技者が多く「柔の理重視群」に愛好者が多いことを勘案すれば、競技との距離感において指導者が多様になることは十分にあり得ることではないだろうか。いずれにせよ、このように競技として柔道に接している実践者が術理としての「柔の理」を軽視し、「指導者」や「愛好者」など競技と一定の距離を保つようになった実践者がそれを重視する傾向にある現状から、次のような考察を導くことができる。いわゆる、柔道の競技化すなわちスポーツ化という現象は、態度や姿勢などの武道の修養主義的価値観にかかわる問題にとどまらず、技の理合いへの認識の違いとして顕在化するのである。そして、このような理合いへの認識の違いが、柔道の実際の動きや技に影響を与えている可能性は非常に高いと言えるだろう。

柔道は、武道のなかで最も競技スポーツの形態を整えた種目であり、学童期より様々な全国規模の競技会が行われるなど幼少の頃より競技の文脈にコントロールされている。その後も中学・高校・大学の部活動や実業団に所属しながら競技者として柔道を継続する実践者が人口の多くを占めている。[2]このような現代柔道の置かれた状況を考えるとき、嘉納治五郎が武術・武芸から受け継いだという「柔よく剛を制す」柔道は、今非常に厳しい状況に直面しているのかもしれない。

二．柔道が「強い」人と「うまい」人

次に、クラスター分けされた各群に対し、年齢、修行年数、段位の各々を従属変数にした一元配置分散分析を適用し、各因子において主効果を認めた場合については多重比較（Bonferroni法、$p<.05$）を行った。その結果、年齢については、「柔の理軽視群」に対して、「気息傾向群」及び「柔の理重視群」が有意に高くなった。修行年数及び段位については、各群との間に主効果は見られないという結

表4-5　一元配置分散分析によるクラスターごとの年齢・修行年

	①気息傾向群 (n=82)	②柔の理軽視群 (n=79)	③柔の理重視群 (n=50)	有意差
年　齢 (SD) (Min.-Max.)	39.29 (21.87) (18-80)	30.61 (17.18) (18-78)	44.40 (19.47) (18-84)	F（2, 208） =8.26*** ①>②* ③>②***
修行年数 (SD) (Min.-Max.)	23.05 (1.98) (1-66)	17.46 (1.68) (1-60)	23.66 (2.63) (1-70)	F（2, 210） =2.90 n.s.
段　位 (SD) (Min.-Max.)	3.00 (2.08) (0-8)	2.48 (1.73) (0-7)	3.28 (2.21) (0-8)	F（2, 210） =2.75 n.s.

＊：p＜.05、＊＊＊：p＜.001

果となった（表4‐5）。

「年齢」に関して、「気息傾向群」及び「柔の理重視群」が「柔の理軽視群」よりも平均年齢が高くなった要因については、直接的には加齢による体力・運動能力の低下ということが推測できる。「年齢」とともに筋力やスピードが衰え、（力には力で対抗するような）同種の力のぶつけ合いによる「剛（非柔）」の勝負に限界を感じることが、より効率のよい勝負法として「柔」の闘い方を重視する契機となっている可能性は十分に考えられる。また、高齢になり競技を離れた実践者に、柔道の「わざ」の理合いを表現した「形」の稽古に励む者が多くなることなども関連があるかもしれない。

しかし、ここで注目すべき点は、その後の「修行年数」や「段位」において各群との間に有意な関連が見られなかったという結果にある。一般的に、修行期間の長い者や高段者は年齢が高くなるのが必然[3]であり、体力の低下のみが決定的な要因であれば、「年齢」の場合と同じく、「修行年数」や「段位」においても「柔よく剛を制す」動きや技を重視する傾向が見られてもおかしくはない。むしろ、「柔よく剛を制す」が柔道の熟達した動きや技の様相をあらわすものであるならば、「年齢」よりも、「段位」や「修行年数」と「柔の理重視群」との間にダイレクトな関連が見られてしかるべきであろう。しかし、今回の調査結果において、「柔の理」の因子得点により分類された各群と、「修行年数」や「段位」との間には有意な関連が認められなかったのである。

この結果からは、二つの推論が導き出される。一つは、「柔の理」に対する認識の相違が、体力低下という要因のみで生じるものではないという可能性である。今一つは、現代柔道では「修行年数」が長く「段位」が高くなっても、何らかの要因によって、「柔よく剛を制す」という「わざ」の理想に視線が向かない事情があるということである。そして、この二つの推論を結び付けるキーワードが「競技」という文脈ではないだろうか。

先に明らかにした「属性」の人数差に関する分析において、柔道を競技スポーツとして実施している者とそうでない者で「柔の理」への認識に違いが生じることを指摘した。もし、この推論が妥当であるならば、「修行年数」の解釈については慎重になる必要がある。「修行年数」は単に柔道にかかわった期間の長さではない。競技スポーツとして定着している柔道実践にかかわるキャリアは、一般的に、学童期の教室や道場、中学校・高等学校・大学における部活動の期間を経て、いわゆる引退後に柔道を自由に愛好する期間へと移行する。そこには、「競技者」として勝敗を競うことを第一義とする期間と、競技引退後に「愛好者」として楽しむことを第一義とする期間という質的に異なるかかわり方が含まれており、「修行年数」は両者を合算した期間と捉えねばならない。現在の柔道が、先に示したとおり幼・少年期より競技という形で提供されていることを考慮すれば、幼い頃より柔道を始めたものにとっては、競技スポーツとして接する期間の長さが「修行年数」により濃く反映されている可能性が高い。

これに対し、「年齢」は多少意味合いが異なる。選手生命が20代でピークを迎え、多くが高校生や大学生の段階で競技生活を退く柔道において、高齢の継続者は種々の理由で競技を「引退」してからも、柔道を趣味として継続している期間が長いことを意味する。すなわち、柔道実践者の「年齢」の高さには、競技引退後の愛好年数が反映されている。このように、同じ年数にかかわる指標でありながら、「年齢」と「修行年数」は質的にやや異なるものをあらわしている。

今回の調査においては、「修行年数」について柔道への接し方に関する質的な区分をしておかなかったため、これ以上の深い推論を展開することは慎むべきであるが、「年齢」において見られたような関係が「修行年数」において見られなかったことの背景には、このような事情も加味する必要があると考えられる。

それはすなわち、「柔」を重視するか「剛（非柔）」を重視するかという「わざ」の理合いに対する認識の相違が、体力低下を契機として生じるだけではなく、競技スポーツに対する姿勢の違いによっても生じる可能性を示唆するものである。先の属性の比較において、「気息傾向群」に「競技者」と「愛好者」の二極化傾向が見られたことや、指導者に「柔の理軽視群」、「気息傾向群」、「柔の理重視群」が混在していたことも、この可能性を間接的に肯定しているのではないだろうか。

「段位」に関してはより深刻な考察が導かれる。柔道の段位の認定は、講道館昇段資格に関する内規（平成27年4月1日改正）に基づいて行われ、「柔道精神の修得、柔道に関する理解、柔道技術体得の程度（技の理論、姿勢、態度、歩合、巧拙等）及び柔道の普及発展に尽くした功績について評定する」とあるが、最も重視されるのが昇段審査や高段者大会等における試合成績である。先の内規には、修行年限とともに試合成績が昇段の条件としてはっきり明記されている。

今回の分析結果を見る限り「段位」の高低は三群において有意な差はなく、「柔の理」という理合いの認識状況には関連がなかった。この結果をそのまま解釈するならば、たとえ「段位」が上がっても、武道としての理想である「柔よく剛を制す」動きの習得には関連しないという推測が成立する。つまり、柔道の高段者は、勝敗を競うことについては「強い」が、「柔よく剛を制す」という理想から見れば「わざ」が「うまい」とは限らないという現実が導かれるのである。もしこれが柔道の実態を正しくあらわすものならば、段位というものは柔道の一体何を保証するものであるのだろうか。

今回の結果を見る限り、段位は、競技スポーツとしてのＪＵＤＯにおける優秀さは保証できても、伝統的な身体運動文化としての柔道における優秀さは保証できないと言わざるを得ない。高段者は「強い」けれど、「うまい」とは限らない。

以上のように、ここまで明らかになった知見を総括するならば、競技スポーツとしての柔道の在り方が柔道実践者を分断し、「柔の理」への認識状況が異なる集団を生じさせている可能性が示唆される。すなわち、それは競技スポーツという文脈と柔道の「わざ」の変容の間に、深い関連があることを意味している。

三．競えば失う「わざ」

先の分析に引き続き、クラスター分けされた各群に対し、定和尺度[4]を用いてあらわした柔道の稽古目的（「勝つため」、「指導力向上のため」、「楽しむため」、「究（極）めるため」）を従属変数にした一元配置分散分析を実施し、各因子に対して主効果を認めた場合は多重比較（Bonferroni法、p<.05）を行った。稽古目的の「勝つため」は競技者に、「指導力向上のため」は指導者に対応するものであるが、ここでは「愛好者」に対応する志向性を、格闘を楽しみ仲間との交流や健康やストレス解消などを意識した消費スポーツ的な「（運動そのものを）楽しむため」と、「わざ」の錬磨や自己啓発の修行などを意識した修養志向で武道的な「（柔道を）究（極）めるため」という二つに区別して回答を求めた。

その結果、「勝つため」と「究（極）めるため」の二つの稽古目的に対し主効果を認めた。続いて行った多重比較においては、「勝つため」という稽古目的において「柔の理軽視群」は「柔の理重視群」よりも有意に高く、「究（極）めるため」という稽古目的においては逆に「柔の理重視群」が「柔の理軽視群」に対し有意に高いという結果となった。また、「指導力向上のため」という稽古目的については有意な差が見られなかった（表4‐6）。

これらの結果は、日頃の柔道の稽古に向かう姿勢と「柔の理」という術理に対する認識状況にかかわりがあることを示している。「柔」よりも「剛（非柔）」を重視する「柔の理軽視群」は「勝つため」に稽古をしており、「剛（非柔）」よりも「柔」を重視する「柔の理重視群」は、勝敗よりも柔道を「究

表4-6　一元配置分散分析によるクラスターごとの稽古目的の比較

	①気息傾向群 (84)	②柔の理軽視群 (79)	③柔の理重視群 (50)	有意差
勝つため (SD) (Min.-Max.)	38.67 (35.91) (0-100)	47.11 (34.99) (0-100)	38.80 (27.62) (0-100)	F (2, 210) =6.03** ②>③**
指導力向上のため (SD) (Min.-Max.)	11.49 (1.63) (0-70)	12.14 (2.03) (0-80)	14.70 (2.32) (0-60)	F (2, 210) =.62 n.s.
楽しむため (SD) (Min.-Max.)	28.93 (26.99) (0-100)	24.54 (25.29) (0-100)	32.40 (26.65) (0-100)	F (2, 210) =1.43 n.s.
究(極)めるため (SD) (Min.-Max.)	20.92 (20.06) (0-70)	16.02 (13.50) (0-50)	27.00 (23.19) (0-100)	F (2, 210) =5.09** ②<③**

＊＊：p＜.01

(極) めるため」に稽古をしている。

柔道を「究（極）めるため」に稽古をする者が存在することは、心の問題を含んだ「わざ」の追求を目的とする伝統的な柔道が今でも継承されていることを意味する。そして、そのような柔道実践者は古流柔術の修行者のように今でも「柔よく剛を制す」という理想を意識していると言える。

しかし、現在、競技スポーツとして柔道を稽古している群は、伝統的な武道において理想であったはずの「柔よく剛を制す」動きや技をあまり重視してはいない。属性の比較においてふれたように、「指導力向上のため」に稽古をしている者については有意な差が見られなかったが、これは先の「各群の属性の比較」に対応する結果であろう。つまり、その指導対象と競技との距離によってその稽古姿勢は多様なものになると言うことではないだろうか。

これらの知見は、これまでの調査結果をもとに行った一連の考察と同様の方向性を示しており、競技化の流れと「柔の理」という柔道の根本原理に対する認識との間に深いかかわりがあることをより一層明確に示している。そして、それは柔道のスポーツ化が単にルールや制度のJUDO化にとどまるものではないこと、また、文化としての「わざ」の喪失としてまぎれもなく日本柔道のなかに顕在化していることを端的に示唆するものである。

競技スポーツという制約のある場において「勝つため」には、状況によっては「柔よく剛を制す」ことに対してもある意味妥協が必要なことは先に述べたとおりである。それは、グローバルなスポーツとして近代化し発展するためにはやむを得ない仕儀と言える。残念ながら、今や柔道はほぼ競技スポーツJUDOの波に呑み込まれてしまった感がある。しかし、それでも伝統的な柔道が絶えたわけではない。柔道はグローバルな世界において日本というローカルを主張するという矛盾した顔を使い分け、またそこに自らの独自性やアイデンティティを求めてきた。永木（2008、425‐437頁）は、イギリス人柔道家、トレバー・レゲット（1993）の言葉を借りながら、「グローバルなものとローカルなものが独立・分離的に存在するのではなく、相互作用的に関わり合って発展するためにも、『柔よく剛を制す』に表象されるローカル性を、日本人自らが再認識して実行することが必要である」と述べている。

近年、「地球規模の視野や思考の枠組みをもちつつ、地域や伝統といったローカルな事物を生かした行動をする（Think globally, act locally）」という意味で、「グローカル」という造語が用いられることがよくある。[5] 本論で、この「グローカル」という語に深く立ち入ることはしないが、嘉納治五郎の事績を見ても、柔道はまさに当初からこの「グローカル」を体現することをめざして誕生した身体運動文化と言える。しかし、残念なことに今回得られた知見は、この柔道の特筆すべきアイデンティティが「わざ」の喪失として基盤から揺らいでいることを示唆している。

グローバリゼーションが進む時代において、柔道のアイデンティティとも言える「グローカル」な在り方を考えるならば、現代柔道には、競技スポーツとして勝敗を目的に置くこととは別に、「わざ」を追求することに意味を見出すような武術的な接し方を、柔道実践者のなかにどのように再構築していくのかが問われているのではないだろうか。

第五節　競技化された日本柔道と「わざ」

一．調査結果の要約

第四章においては、柔道のスポーツ化と呼ばれる現象の実相を「わざ」の変容として解明するため、「柔の理」への認識を「柔よく剛を制す」動きや技の重視度として測定する「柔の理定着尺度」を用いた実態調査を柔道実践者に対して行った。

第三章における尺度開発の過程において、柔道競技者が古流柔術修行者や柔道授業を経験した程度の一般人よりも「柔よく剛を制す」動きや技を軽視し、レスリング競技者と同程度の認識であることが明らかとなった。つまり、本書の目的であるスポーツ化の実相を、柔道の「わざ」の変容として見取ることの妥当性が予見された。

しかしながら、この調査では、調査対象となった柔道競技者が高校・大学生年代のアスリートが中心であったのに対し、古流柔術修行者はより年齢幅があり、このような年齢層の違いが結果に影響を及ぼしている可能性があった。そこで、スポーツ化と「柔道」の「わざ」の変容の関係をより詳細に検討することを目的に、調査対象を広げて柔道実践者の実態を検討することとした。具体的には、多様な背景をもつ柔道実践者の実態を把握するために、「柔の理」への認識の違いによるセグメンテーションを行うとともに、得られた群ごとに属性や年齢、修行年数、段位、稽古目的などの状況や実態

表4-7　各クラスターの特徴（概要）

実態項目	①気息傾向群(84)	②柔の理軽視群(79)	③柔の理重視群(50)
柔の原理	「柔」を意識しながらも、競技スポーツとしての現実を想定して「柔」と「剛」の調和ないし融合を図ろうとする柔道実践者	「競技スポーツとしての現実」に最も即した柔道実践者	柔道の実戦よりも、むしろ「柔の理」を基本とした動きを追求する柔道実践者
属　性	「競技者」と「愛好者」の二極化傾向	「競技者」が多い傾向にある	「愛好者」が多い傾向にある
年　齢 修行年数 段　位	年齢が比較的高い傾向にあるが、修行年数や段位は「柔の理重視群」と変わらない	最も年齢が低く、修行年数や段位とも低い傾向にある	年齢が最も高い傾向にあるが、修行年数や段位は「気息傾向群」と変わらない
稽古目的	「勝つため」もしくは「楽しむため」の稽古をする実践者	「勝つため」の稽古をする実践者	「究（極）めるため」の稽古をする実践者

についてその傾向を把握することとした。

調査の結果については、表4‐7にまとめて示すとともに、得られた知見を以下のように要約する。

①現代の柔道実践者は、「気息傾向群：伝統を意識しながらも競技スポーツの文脈で柔道をしている層」、「柔の理軽視群：競技スポーツとして柔道をしている層」、「柔の理重視群：武道として伝統的な技を追求している層」の三群に分かれている。

②「柔の理軽視群」には競技として柔道を実践している者が多く、「柔の理重視群」には愛好者として柔道を実践している者が多い傾向にある。指導者については顕著な特徴が見られず両群が二極化して混在している。

③年齢が高くなると、「柔の理重視群」が多くなる傾向にある。

④修行年数の長さや段位の高低は、「柔の理」への認識度と関連がない。
⑤「勝つため」に稽古する者には「柔の理軽視群」が多く、「究（極）めるため」に稽古する者には「柔の理重視群」が多い傾向にある。

①～⑤の要約を総括すると、柔道を競技スポーツとして実践することによって「柔よく剛を制す」動きや技が軽視される傾向が明確に示唆されたものと考える。

これはすなわち、柔道を競技として実践することが、文化としての「わざ」の変容あるいは喪失とかかわりがあることを意味している。これまで、柔道のスポーツ化はルールや制度の改変という外見上の問題が取り上げられ、その要因を海外のＪＵＤＯによる柔道精神の侵害とみなす議論がほとんどであった。しかし、今回の調査により、スポーツ化の内実は、伝統的な身体運動文化のアイデンティティとも言える「わざ」の喪失あるいは変容として把握でき、それはまぎれもなく我が国の実践者のなかで進行している問題であることが明らかとなった。

柔道のスポーツ化とは、身体運動文化としての本質にかかわる動きの喪失にほかならず、それは伝統文化としての基盤をおびやかす脅威として、我が国の柔道のなかに意識化されねばならない問題であろう。

二．現代柔道に嘉納治五郎は生きているのか

薮（2011）は、柔道の創始者である嘉納治五郎の事績について、「嘉納は、柔術に国民教育、とりわけ体育の装いを纏わせて柔道へと再構成しながら、同時にその新しい文化に諸外国との対比で強調される日本古来の精神や気風を示す、シンボリックな意味を付加すべく試みた」と述べている。

嘉納は、柔道がグローバルなスポーツのなかに完全に吸収されてしまうことは望んでいなかった。その姿勢は現代にも受け継がれている。柔道が日本を象徴するエスニックスポーツであれかしと願う心は、柔道にかかわる者のアイデンティティのなかに今も深く刻み込まれている。しかしその一方で、柔道がすでにオリンピックスポーツとしてグローバルに認知されている種目であり、その組織や制度、活動の実態が他のメジャーな競技スポーツ種目と何ら変わりがないことも、今更検討の余地のない事実である。

エスニックスポーツとしての柔道とグローバルな競技スポーツとしてのＪＵＤＯの関係についてはこれまでも様々な論が立てられてきた。しかし、それらはすべてスポーツの商業主義や成果主義と相容れない修養重視の徳育主義的な性格や、それに由来する勝負姿勢の違いとして語られてきた。そして、その具体的なあらわれとしてルールや制度の改変が記述されるのが常であった。

柔道の実態は、常に伝統を重んじる我が国の柔道実践者と、競技スポーツ的マインドで接する海外柔道実践者の対比によって描かれ、スポーツ化とは海外ＪＵＤＯの文化的な侵略に耐える日本柔道の姿という語りが用いられてきた。本書で注目した柔道の動きや技の問題についても、いわゆる外国人選手の繰り出す「ポイント稼ぎの技」と、一本にこだわった日本人選手の「美しい技」の対比として描かれてきたのである。そして、行き着くところは外国人選手と日本人選手の勝負姿勢の違いに転化され、日本柔道を柔道たらしめる「わざ」そのものの変容が話題になることはなかった。我が国の柔道実践者が駆使する動きや技の変化は、スポーツ化の対象外に置かれたまま目も向けられてこなかったのである。

今回の研究では、このような定型的な論にとらわれないスポーツ化への新たなまなざしを提起するため、今でも「正しい技」や「美しい技」という言いまわしによって伝統イメージをまとう柔道の「わざ」というものに課題解決の手がかりを見出した。柔道の「わざ」の理想的な発現である「柔よく剛を制す」動きに対する実践者の認識の相違に着目したのである。具体的には、今回の研究において開発した「柔の理定着尺度」を活用して、競技化の進行による動きや技の質的変化を読み取ることを試みた。

その結果、まぎれもなく現代の日本人の柔道実践者の動きや技に対する考え方に意識変化が生じ、伝統的な「わざ」を見失っている様相が看取できること、そしてそれが競技者として柔道に接することによって生じている可能性が示された。動きや技に対する意識の変化とは、嘉納治五郎が柔道を創始した際に拠り所とした「柔の理」に則った理想的な動きが重視されていない現実を意味する。そして、それは文化としての「わざ」の喪失が、柔道のスポーツ化の実態を弁別する重要なキーワードとなることを如実に示している。

「柔よく剛を制する」動きや技を究（極）めること、すなわち「柔の理」という極意を追求しようとする姿勢は、柔道が武技・武術から受け継いだ格闘技としての理想の振る舞いを規定するものであり、「柔道を柔道たらしめる」概念の根幹にかかわることである。嘉納は自身の柔道のキー概念を、「精力善用・自他共栄」という言葉であらわしているが、その中核となる概念は、武技・武芸から引き継いだ「柔の理」にある。嘉納の創り上げた伝統的な柔道が今も継承されているとするならば、この「柔の理」から生まれる「柔よく剛を制す」動きが、現代柔道においても継承されていなければならない。

にもかかわらず、今回の調査によって、現在の柔道実践者は「柔」を意識しながらも競技スポーツの文脈で柔道を行っている「気息傾向群」、「競技スポーツ」としての現実に即した柔道を行っている「柔の理軽視群」、「柔の理」を基本とした動きを追求している「柔の理重視群」に分かれていることが明らかとなった。現代の柔道には、①伝統的な武道と競技スポーツとの矛盾に引き裂かれながら柔道をしている実践者層、②競技スポーツとして柔道をしている実践者層、③武道として伝統的な技を追求している実践者層という三つのタイプが存在するのである。

すでに前章において、現代柔道では創始者である嘉納治五郎の意図に反して「柔の理」を重視していない状況があることが、古流柔術修行者との比較から予測されていたが、今回の調査によって、伝統として引き継いできた技の理合いに対して無頓着となり、すでに文化としての「わざ」を手放したと見られる層が、確実に現代柔道の実践者に存在することがより明確になった。

三．「わざ」の喪失が鳴らす警鐘

現代柔道の置かれた状況を考えるならば、今回確認された知見は、柔道の行く末に対して深刻な警告を発するものであると言える。なぜならば、現代の柔道実践は幼・少年期より競技の文脈で指導されがちであり、中学・高校の運動部は完全に競技スポーツとして存在しているからである。

柔道人口の多くは若い競技者で構成されている。したがって、②の競技スポーツとして実践している層が、現在の柔道実践者の圧倒的なボリューム層であることが容易に想像されるのである。柔道の愛好者人口や実践者人口はほぼ競技人口に等しいと言っても過言ではない。指導者も多くは競技を指導するコーチであり、役員は競技大会を運営するスタッフである。思い切った推測が許されるならば、伝統としての「わざ」を継承することに意を用いる柔道実践者の少なさは、我が国の伝統文化を継承する柔道がすでに限定的にしか存在していないことを予測させる。日本柔道は確実に「わざ」という伝統文化を失いつつある。

また、今回の調査では、段位や修行年数と「柔の理」を重視した技の追求との間に関連を見出せなかった。つまり、段位が上がったり、修行年数が長くなったりしても、「柔よく剛を制す」動きや技を重視するようになるとは限らなかったのである。これは、「わざ」の喪失が柔道のなかで構造的にもたらされていることを意味している。

柔道における段位や修行年数は、競技における強さの指標とはなっても、武道としての「わざ」の質を保証する指標ではない。「わざ」に対する認識の変化は、柔道の修行というものの捉え方を根本から変えてしまった。ここに柔道のスポーツ化の姿が凝縮されている。

武道の特徴の一つが武技・武芸から引き継いだ修養や徳育主義的な性格にあることは間違いないが、柔道においてはその修養の意味そのものが変化してしまったのである。柔道の修養段階は「わざ」の錬磨ではなく、勝敗という結果によって保証されるものとなってしまった。その象徴的なあらわれが、昇段という制度の質的な変化であり、段位というもののもつ意味の変化であろう。柔道の高段者は、競技力は高いが「わざ」がうまいとは限らない。

他の武道種目への調査が行われていないため安易な推測は禁物であるが、柔道に次いで競技化されている剣道実践者の昇段に向けた修行姿勢[6]を考量するならば、それが他の武道種目と比較した柔道の際立った特徴であることは容易に想像がつく。

これらの知見を総括するならば、「柔の理」への認識をとおして見る限り、競技中心の現代柔道の技能は嘉納が創始した当初にめざしたものとは異なる方向に向かいつつある可能性が大きい。柔道は「わざ」においてスポーツ化している。そして、それは外国人柔道実践者の問題ではなく、まぎれもなく我が国の柔道実践者の問題である。批判を恐れずに言うならば、現在の日本の柔道実践者の多くは、「柔よく剛を制す」伝統的な柔道の「わざ」を体現しようという意識を有していない。つまり、嘉納がめざした柔道の極意には興味を示していないのである。「わざ」の極意の喪失は、我が国の武技・武芸の特徴的な教育観である「事理一体」という概念の消失を意味する。「柔の理」を失った技では、「事理一体」という考えをベースにした嘉納の「精力善用・自他共栄」は成立しない。

永木（2014）は、嘉納治五郎が「スポーツとイコールの柔道ではなく、スポーツと文化的差異が明らかで、かつスポーツを凌駕する柔道の創造」を求めていたと述べている。そして、「柔よく剛を制す」という武術の戦法が清やロシアという大国に勝利した小国日本のイメージに投影されたという時代背景をもとに、柔道における「武術性」を重視し、欧米人を魅了するためにスポーツ（なかでもレスリング、ボクシングなどの格闘技）との差異化を図ったことを指摘している。柔道の創始者である嘉納は、民族文化としての特性を活かしながら、世界に認められるグローカルな柔道の創造をめざしていたのである。

現在の柔道もこの嘉納の意志を理念として受け継ぐ形で、「グローバルな世界において日本というローカルを主張する文化」としてその存在意義を主張している。しかし皮肉なことに、世界に認められた現在の競技柔道は、嘉納が思い描いていた武術性をその技能のなかに体現するための理合いを失いつつある。たとえそれがオリンピックを頂点とする競技スポーツの文脈に身を投じた柔道の宿命であったとしても、柔道に存在したはずの自国の運動文化としてのアイデンティティは、今、多くの柔道家が自覚せぬままに暗黙のうちに損なわれつつあると言えよう。競技をしている多くの柔道実践者は、無自覚なまま、構造的に自国の伝統とのつながりを断ち切られているのである。

四.「わざ」の再生と伝統文化

柔道がグローバルの波に呑み込まれその文化的なアイデンティティを喪失しようとしていること、すなわちスポーツ化という言説はすでに戦前から存在してきた。しかしそれは、これまで指摘されてきたような欧米からのルールや制度変更の圧力として把握されるような皮相の問題ではない。日本柔道の「わざ」そのものの変容という、ローカルな身体運動文化の構造そのものにかかわることとして把握せねばならない問題である。今や、柔道を競技として実践する者は「わざ」を求めていない。

しかし一方で、競技スポーツに距離を置いた実践を行っている層が消滅したわけではなく、「わざ」

の喪失は、実践者の競技志向の強さにかかわってあらわれる特徴であることも、今回の調査によって同時に明らかとなった。現代の柔道においても勝敗に重きを置かず、競技の文脈とは距離を置きながら、愛好的な姿勢で技を究（極）めようとする実践者層も存在しているのである。これらの実践者は、今でも伝統的な柔術修行者と同様に、「柔よく剛を制す」動きや技を重視する姿勢を有している。

念のために申し添えるが、本論は競技スポーツとしての柔道の在り方を否定するものではない。競技スポーツとしての発展は、幾多の先人の努力により、柔道が切り開いた成果として今後も大切にすべきである。しかし、一方でエスニックスポーツとしての柔道を今後も継承するためには、今一度武道にとっての「わざ」というものの存在とその価値判断について思料するとともに、「わざ」の理想的境地を追い求めるような武道的な接し方をどのように柔道実践者のなかに再構築していくかが問われているのである。その延長線上に、グローバル時代にふさわしい柔道の在り方が示されるのではないだろうか。

また、それは競技スポーツとともに、現代柔道のもう一つの柱である教科体育としての柔道の在り方にも大きな影響を及ぼす。柔道は、学習指導要領によって武道領域の内容として位置付けられ、その取り扱いについて、「我が国固有の伝統と文化への理解を深める観点から、日本固有の武道の考え方に触れることができるよう（中略）我が国固有の伝統と文化によりいっそう触れることができるようにすること」と示されている（文部科学省、２０１８）。

この文に見られるとおり、柔道の体育教材としてのオリジナリティは伝統文化を背景にした身体運動文化であることに求められている。これまで、武道が示す固有の伝統は、克己の心や尊敬・謙譲などいわゆる武士道的な道徳的な価値観と、それを象徴する行動様式としての「礼法」の尊重という態度の内容に求められてきた。[7]しかし、今回得られた知見は、柔道における伝統文化の学習を、このようなステレオタイプの武道観に基づいた姿勢や態度の学習に求めるのではなく、「わざ」という文化的な動きをとおして、体育の中核である動きや技能の習得という運動学習のなかに位置付ける必要性のあることを意味している。それが、我が国のいわば伝統的なスポーツ教育における教育観である「事理一体」の具現化である。柔道の受け継いできた伝統的な「わざ」の再構築は、柔道教育における学習内容の再編につながる問題をも含んでいるのである。

■注

(1)この群については、数値を見る限り「柔の理」を積極的に否定しているというわけではなく、「柔の理軽視群」という命名は否定色が強過ぎるきらいもある。しかし、クラスター3の「柔の理重視群」との比較において柔の理を軽視していること、また、三つの群の対置関係がより鮮明になることを考慮し、あえて「柔の理軽視群」と操作的に命名することとする。

(2)柔道は、学童期より全国少年柔道大会、全国小学生学年別柔道大会、全日本少年少女錬成大会など全国規模の大会や、各地区・傘下団体が主宰する数多くの競技会が存在し、柔道実施者は本人の好む好まざるにかかわらず、幼少の頃より競技の文脈に組み込まれざるを得ない状況がある。また、2016年の全日本柔道連盟の登録人口数は15万8963人であるが、その内訳を見ると小学生3万5271人、中学生3万4500人、指導者・役員3万87人、高校性2万3347人、社会人2万152人、大学生1万3879人、未就学児1727人となっており（全日本柔道連盟、2017年3月2日現在）、学童期から成人になるに従って競技者として選別されていく状況も推測できる。

(3)「年齢」と「修行期間」が正比例するのは当然である。「段位」についても、講道館の昇段に関する内規では、第2条審議条件の項に「この内規に示された最少年齢、修行年限、試合成績等は、最低の基準を示したものであり、この基準に達しない者は審議の対象にならない」となっている。昇段が可能となる年齢や修行年限が定まっているため、必然的に「年齢」、「段位」、「修行期間」は正比例する。

(4)稽古目的のなかで、「勝つため」、「指導力向上のため」、「楽しむため」、「究（極）めるため」のそれぞれの占める割合（全体を100とした場合、何パーセント程度の割合でそれぞれを重視しているか）を問うている。

(5)前川（2004）によれば、グローカリゼーションという用語は、もともとは日本のマーケティング業界で使われていた語である。前川はロバートソンの言葉を用いながら、「現実世界が、現代生活のマクロの側面という意味でのグローバルなものを、ミクロの側面という意味でのローカルなものに連結させようとしていることに留意しなければならない」ことを指摘している。

(6)高山（2000）は、その著作のなかで、剣道の最高段位である八段保有者が研鑽に励む姿を本人の語りとして数多く紹介している。そこで語られる言葉には、柔道のような試合結果としての勝敗ではなく、心の問題を含んだ「わざ」を究（極）めることに修行の価値を見出す姿勢があふれている。

(7)中学校学習指導要領解説保健体育科編（文部科学省、2008、144頁）には、伝統的な考え方とは、「武道は単に試合の勝敗を目指すだけではなく、技能の習得などを通して、人間形成を図るという考え方があることを理解できるようにする。例えば、武道は、相手を尊重する礼の考え方から受け身をとりやすいように相手を投げたり、勝敗が決まった後でも、相手に配慮して感情の表出を控えたりするなどの考え方があることを理解できるようにする」と明記されている。

■引用・参考文献

・前川啓示（2004）グローカリゼーションの人類学―国際文化・開発・移民―．新曜社、3-10頁．
・金子明友（2002）わざの伝承．明和出版、38-43頁．
・嘉納治五郎（1911）師範および中等教育と柔道．中等教育10号．嘉納治五郎体系 第5巻、139頁．
・公益財団法人講道館．講道館昇段資格に関する内規（平成27年4月1日改正）．http://kodokanjudoinstitute.org/activity/grade/（参照日2018年2月25日）
・文部科学省（2018）中学校学習指導要領（平成29年告示）解説保健体育編．東山書房、14-20頁．

・永木耕介（２００８）嘉納柔道思想の継承と変容．風間書房、１１０頁．
・永木耕介（２０１４）〝柔道〟と〝スポーツ〟の相克．菊幸一編、現代スポーツは嘉納治五郎から何を学ぶのか．ミネルヴァ書房、１５５-１９０頁．
・笹生心太（２０２１）日本人選手は「身体能力」に劣るのか：サッカー専門誌に見られるナショナリズム．年報体育社会学、２、１-12頁．
・寒川恒夫（２０１４）日本武道と東洋思想．平凡社、３０７-３２１頁．
・高山幸二郎（２０００）八段の修行．剣道日本、５-２７２頁．
・トレバー・Ｐ・レゲット：板倉正明訳（１９９３）日本武道のこころ．サイマル出版会、55-56頁．
・藪耕太郎（２０１１）柔術の起源論を巡る言説上の相克．有賀郁敏、山下高行編、現代スポーツ論の射程．文理閣、13-88頁．
・籔根敏和、岡田修一、山崎俊輔、永木耕介、猪熊真（１９９９）「柔の理」の意味に関する研究．武道学研究、31（3）：14-25頁．
・全日本柔道連盟（２０１７）全日本柔道連盟登録人口推移２００３年～２０１６年．http://www.judo.or.jp/wp-content/uploads/2015/07/touroku_jinkou20170403.pdf（参照日２０１８年2月25日）

終章

「わざ」の復権と柔道の未来

第一節　研究のまとめ

一.「わざ」の創造的破壊と柔道のスポーツ化

柔道のスポーツ化とは、我が国のエスニックスポーツであった柔道が、欧米由来の競技スポーツと融合しながらグローバルな近代スポーツへと変貌する過程に生じる葛藤の様相を捉えた言葉である。本書の目的は、柔道がグローバル化する過程で生じたこのスポーツ化と呼ばれる現象の実相を、柔道の「わざ」の変容という新たな視点から解明しようとするものである。

「生物学の用語を借りるなら、産業上の突然変異で経済構造に絶えず内部から革命が起き、古い構造が絶えず破壊され、新しい構造が絶えず生み出されている。」

「進歩の過程では、新しい商品・生産手段と競合する階層の資本の価値が破壊される。」

経済学者のシュンペーター（1883－1950）は資本主義の本質をこのように述べ、そのイノベーションと自由競争のプロセスを「創造的破壊」と名付けた（シュンペーター：大野一訳、2016）。資本主義は、平等な競争原理を通じて自己資本を拡大させる活動である。しかし、資本同士の競争を突き詰めていけば勝者によって他の資本は駆逐されていき、論理のうえでは最終的な勝者によって競争原理そのものが破壊される。

もちろん、資本主義とスポーツ文化を同列に評するものでは決してない。経済学上の概念や理論を、スポーツ文化に安易に当てはめることは乱暴に過ぎることは承知である。しかし、柔道にとってスポーツ化とは、自らのグローバルな発展のためのイノベーションのプロセスである。それは、武道の普及戦略のロールモデルであると同時に、伝統的な武道におけるエスニシティの破壊という両義性を含んだ概念でもある。柔道のスポーツ化とは、シュンペーターにとっての資本主義と同様に、エスニックスポーツとしての柔道がグローバルな世界に参入しローカルな存在意義を主張するためのイノベーションを通じて、ローカル性そのものを創造的に破壊していく過程と言えるのではないか。柔道の世界大会でのメダル量産は、古来より受け継いできた技や動きを、ルールに適応しながら「創造的に破壊」してきたことの見返りとして獲得したものかもしれない。

二.「わざ」の原理としての「柔」

柔道のスポーツ化に関する言説は、柔道が誕生して間もない頃から発生しており（中嶋、２０１１）、すでに言い古された感もある言葉である。しかし、情報化社会の到来による時間や空間の縮みは、グローバルな世界とローカルな世界の共存の在り方についてこれまで以上にセンシティブな洞察が必要な時代になったことを告げている。グローバルとローカルの間にある相容れない文脈をどう整理しハイブリッドな世界を創造していこうとするのか、柔道のスポーツ化はこのことを私たちに問いかけるサンプルである。同時に、武道というエスニックなスポーツ文化の発展や、体育を通じた伝統文化の教育の在り方を考究するための窓口として重要な示唆を与えるものである。

しかしこれを達成するためには、グローバルに展開されているＪＵＤＯ競技に対する我が国の柔道を、真正な伝統を死守する存在として理想化し、その価値観の不変さをことさらに強調するような教条主義的なスポーツ化論を脱する必要がある。柔道というローカルな身体運動文化のなかに存在する日本のエスニシティを何に求め、それがグローバルな競技スポーツとかかわることでどのように変容したのか、そして、その変容がどんな意味を提示するものであるのか。メタ認知的な思考をもとにした冷静な議論が必要なのである（以上、序章）。

本書では、その手がかりを柔道の「わざ」に求めた。繰り返しになるが、「わざ」とは、種目におけるバイオメカニクス的な運動技術（technique）や個人の経験としての運動技能（skill）ではない。「われわれの社会で形成され伝承されるわざ」（金子、２００２）であり、伝統文化として守り伝えられてきた動きのかたちである。我が国の武術あるいは武道における「わざ」は、闘いの動きを規定するだけではなく、「事理一体」という考え方に基づき、社会生活における人事一般に通じた生活の「わざ」となる。勝負における必勝の原則は、社会生活における課題解決の原則として展開されねばならない。「わざ」は我が国の文化を体現した動きである（以上、第一章）。

柔道の「わざ」は、古来の柔術から受け継いだ「柔の理」という技の理合いによって生成され、実戦の場において「柔よく剛を制す」動きとして具現化されている。柔道を創始した嘉納治五郎は、これを「精力善用・自他共栄」という言葉を用いて再構成したが、その根本原理がこの「柔の理」にあった。

「柔の理」とは、武術の理想である「柔よく剛を制す」動きや技を生成する原理である。「柔よく剛を制す」動きは、現在では武道以外の競技スポーツにおいても、日本人の美意識に根ざした闘い方としてしばしば用いられる。「柔の理」に用いられる「柔」という概念は、元々は中国の「易経」や「老子」に見られる概念であり、「柔よく剛を制す」という語の初出は、やはり中国の「三略」であると言われている。柔剛一体・柔剛兼備を説く「易経」、柔の絶対的優位を説く「老子」、両者を混用して使い分ける「三略」と、それぞれの書によって解釈は微妙に異なるが、いずれにせよ「柔」はしなやかさや従順さの徳をもって天地人を治める概念であった。

一方、我が国の武術は、江戸期になって平和な時代にふさわしい理論武装を果たすようになるが、その際に、この先進国である中国の「柔」の概念を取り込んだ。すなわち、己が「わざ」の理想的境地を、「柔」の概念を用いてあらわす流派があらわれるのである。ここに、治天の真理であった「柔」は、格闘の極意をあらわす「柔の理」へと読み替えられていく。

我が国の武術における「柔の理」は、その根幹に中国由来の従順さやしなやかさの徳を取り込み、やがて「相手の力を利用する」という独自の発展的解釈を加えながら浸透する。各流派の伝える書により表現は異なるが、その要点とするところは「同種の力の衝突の回避」及び「相手に合わせた臨機応変さ」にあった。これを一言で言うならば、「柔の理」とは「充実した力同士の衝突の回避を旨として、状況に合った臨機応変自在な変化をする」闘い方を意味する。そして、柔道を創始した嘉納治五郎も、この理合いをもとに技能の体系を考究した。

嘉納は、「柔の理」に対して近代合理主義的な解釈を加えながら再構成し、最終的に「精力善用」という言葉によって表現する。また、これも我が国の武術における伝統的な考え方であるが、「わざ」に含まれる「必勝の原理は我々の生活万般を支配する真理に通じる」という「事理一体」の考え方に基づいて「自他共栄」という言葉を創作し、現在の講道館柔道の根幹となる理念を完成した。すなわち、「柔の理」という根本原理は、柔道にとって闘争技術の根本原理であるとともに、日常における理想的な課題解決を図るための原理、端的に言えば「生きるための極意」として位置付けることができる。

そして、このような技能の原理と日常生活を生きる原理が一致することを前提とした「わざ」の教育は、運動や集団活動の効果としての欧米のスポーツ教育とは明らかに一線を画すもので、それを私たちは「道」と呼ぶ。「わざ」が文化を含んだ動きであることの所以である（以上、第二章）。

このような考察のなかで、柔道の「わざ」を生成する原理を「柔の理」に求め、その具体的表象を「柔よく剛を制す」動きや技として捉えることとし、「わざ」の変容の様態を把握するための測定尺度の開発に取り組んだ。

その結果、「気息を外す動き」と「陰陽の使い分け」という二因子と20の質問項目からなる「柔の理定着尺度」が構成された。「気息を外す動き」とは、「かわす」「そらす」「ずらす」など、力のベクトルを衝突させないような戦いをするための身体操作をあらわす因子であり、「陰陽の使い分け」とは、臨機応変に相手の意図の裏や逆を選択するような状況判断や戦術をあらわす因子である。本尺度の開発により、「柔よく剛を制す」動きや技への認識を定量的に把握することが可能となり、柔道のスポーツ化を「わざ」の変容として把握するための道筋を整えることができた。

三．「わざ」の喪失と柔道の彷徨

「柔よく剛を制す」動きや技への認識を定量的に把握するための尺度開発を行うなかで、柔道のスポーツ化に関する輪郭が提示されてきた。現在も競技化されない武術を行っている古流柔術修行者には、他と比較して「柔よく剛を制す」動きを重視する傾向が見られた。さらに、柔道競技者については尺度得点の平均が一般人より低く、レスリング競技者と同程度であるなど、「柔よく剛を制す」動きを重視していない傾向にあることが判明したのである。それは、「柔の理」が現代の競技柔道においてはすでに重視されなくなっており、柔道がスポーツ化によって喪失したものが文化としての「わざ」であることを示唆している（以上、第三章）。

ただし、この調査においては、調査対象となった柔道競技者が高校生及び大学生のアスリートを中心に構成されていたのに対し、古流柔術修行者は愛好者を含めより幅広い年齢層が対象となっている。そのため、調査対象の年齢層の違いが結果に影響を及ぼしている可能性があり、この段階で、スポーツ化によって柔道の技から「柔の理」が失われていると断ずるのには早計であった。そこで、より柔道の正確な状況を把握するために年齢幅を広くとるとともに、競技目的以外の多様な柔道実践者を対象にした「柔の理定着尺度」による追加調査を実施した。

その結果、現代柔道の実践者には、①伝統を意識しながらも競技スポーツの文脈で柔道をしている実践者層、②競技スポーツとして柔道をしている実践者層、③武道として伝統的な技を追求している実践者層という三つのタイプが存在することが明らかとなった。

また、②の実践者には「柔の理」を軽視する者が多く、③の実践者層には、「柔の理」を重視する者が多く、①の実践者層には二極化が見られることが示された。「柔の理」の軽視は競技化傾向の強さに伴ってあらわれる特徴であり、柔道の競技化が「わざ」の喪失あるいは変容の要因となっている可能性が示唆されたのである。さらに、現在の柔道実践者のボリューム層が競技中心の②のグループにあることを考え合わせると、本結果は、我が国の伝統文化を継承する柔道がすでに限定的にしか存在していないことを推測させる結果となった。日本柔道から「わざ」は確実に失われつつあることが予見されたのである。柔道は、「わざ」においてスポーツ化しつつある。

この一連の調査では、競技化によって柔道が伝統として受け継いできた「わざ」を失いつつある実態が明らかとなったが、一方で、スポーツ競技の文脈から離れ、理合いに沿った技を探求するような武道的な接し方を再構築することができれば、「柔」道を実現できる可能性も示された。柔道がこれからも、「グローバルな世界において伝統的な日本を主張する文化」という点に、そのオリジナリティやアイデンティティを求めようとするならば、この知見は重要な示唆を含むものと考える（以上、第四章）。

柔道と競技を結び付けたのは、ほかならぬ嘉納治五郎自身である。永木（２００８）は、嘉納が「『乱取り試合』はあくまでも『手段・方法』の一つと位置づけた」にもかかわらず、「勝負自体が『目的化』していき、そのことから惹起される葛藤が、早くも戦前に露見していた」と述べ、これが「よほど強い価値観によって矯正もしくは抑制されない限り（中略）『競技スポーツ』には共通して起こりえる現象」であると指摘している。また、桐生（2017）によれば、柔道の源流となった柔術流派である起倒流において、「残合」という形《かた》の一部を用いて自由に攻防をする稽古法があったが、そのことによって修行者が勝負に固執し、道理に適った技の習得ができない事態が生じたため、形を主とし「残合」はこれを補完するものという確認がすでに行われていたという。永木（2016）はこのように指摘する。

「結論的にいえば、嘉納は柔道（および今日でいう武道）とオリンピックスポーツの間に一線を画しながら、それらが互いに影響し合い、ともに発展することを目指していた（自他共栄）。つまり、柔道／武道とオリンピックスポーツの間には、〝自他〟の区別があり、柔道／武道がスポーツという土俵に完全に取り込まれることは望んではいなかったのである。」

残念ながら現在の柔道の発展は、オリンピックを頂点とする競技スポーツとしての文脈のなかに描かれている。競技スポーツにおいては、「勝つ」ことが「私（柔道）の流儀（やりかた）」よりも常に優先課題である。それは、極論すれば、技や動きが「剛」であろうと「柔」であろうと、「勝つ」ことがすべての世界である。

しかし、今回得られた知見は、柔道が勝敗という外在的な価値を追求する活動を競技スポーツとして担保しつつ、一方で、武技・武芸を継承するエスニックな身体運動文化の側面を維持し続けるためには、理合いに則った技を究（極）めるという内在的価値の追求姿勢を、柔道への接し方としてどのように再構築していくのかという問いに向き合わねばならないことを示唆している。そして、この問いの先には、競技を統べる全日本柔道連盟とは別に、柔道の文化的側面を統べる団体として、講道館という組織が存在する意義や役割を問い直すことまでもがその射程に含まれているのではないだろうか。

第二節　「わざ」の復権と生涯柔道

一．直面する競技柔道の限界

前節ではここまでの研究を要約してきたが、このまとめを踏まえて今後の柔道の在り方について論じてみたい。２０１１（平成23）年に、我が国のスポーツ施策の根幹となる「スポーツ基本法」が公布されたが、その前文にこのような記述がある。

「スポーツは、心身の健全な発達、健康及び体力の保持増進、精神的な充足感の獲得、自律心その他の精神の涵養《かん》等のために個人又は集団で行われる運動競技その他の身体活動であり、今日、国民が生涯にわたり心身ともに健康で文化的な生活を営む上で不可欠のものとなっている。スポーツを通じて幸福で豊かな生活を営むことは、全ての人々の権利であり、全ての国民がその自発性の下に、各々の関心、適性等に応じて、安全かつ公正な環境の下で日常的にスポーツに親しみ、スポーツを楽しみ、又はスポーツを支える活動に参画することのできる機会が確保されなければならない。」（文部科学省、２０１１）

また、この「スポーツ基本法」の規定に基づいて策定された「（第二期）スポーツ基本計画」では、スポーツの価値を、「①スポーツで『人生』が変わる、②スポーツで『社会』を変える、③スポーツで『世界』とつながる、④スポーツで『未来』を創る」という四つの観点から解説し、「『スポーツ参画人口』を拡大し、他分野との連携・協力により『一億総スポーツ社会』の実現に取り組むこと」を宣言している（文部科学省、２０１７）。

日本において、生涯スポーツという言葉が出現したのは１９６５年以降のことである（川西、２０１２）。生涯スポーツは、当初、生涯教育の範疇において体育や身体教育の重要性が提唱されてきた。しかし、現在では「生涯にわたる各ライフステージにおいて、生活の質（ＱＯＬ）が向上するために自分自身のライフスタイルに適した運動・スポーツを継続して楽しむこと」（野川、２０１２）というように、人の生命や生活・生涯を豊かにするための身体活動の総称と捉えられている。いつでも、どこでも、いつまでも、自分の好むスタイルで運動やスポーツに親しむことができる社会の実現が求められているのである。

このような流れのなかで、全日本柔道連盟も２０１０（平成22）年に作成した「柔道ルネッサンス宣言」（全日本柔道連盟、２０１０）において、「老若男女が親しめる、安全に配慮した柔道の普及・発展」に努めることを掲げ、その事業計画のなかで「『柔道 for ALL』を合言葉に老若男女を問わず、健常者、障がい者の垣根を越えた日本柔道界全体の発展に努めていく」（全日本柔道連盟、２０１０）ことが明記されるなど、生涯スポーツとしての柔道が意識されている。多くの武道種目のなかでも、最も早くに近代化され、すでにグローバルスポーツとして世界的にも普及している柔道が、生涯スポーツ社会を意識した発展を描くのは当然のことであり、また、最もメジャーな武道種目としてその責務を果たすことは重要な意味をもつものと思われる。

しかしながら、現実の柔道の実態はその期待を大きく裏切るものとなっている。図終 - 1及び表終 - 1は、全日本柔道連盟（2020）が発表している登録人口数である。この資料については、競技人口の減少をあらわすグラフとしてよく引き合いに出されるが、本論における関心はそこにはない。問題はその構成比率である。

2018年現在、もっとも多いのが小学生であり、その数は中学生から高校生、大学生へと移行するにつれ大きく減少していく。社会人に至っては、その多くが指導者・役員であり、プレイヤーではない。柔道には幼少期より全国大会を含めた多くの競技会が存在し、小さい頃から競技の文脈と無関係にいるのが困難であることはすでに指摘した。競技である以上、勝敗における成績が優先して評価されることになり、結果として勝てる強者だけが柔道を継続する意欲を保てる仕組みが形成されやすいことは、この図表を見ても容易に推測ができよう。そして、究極的には社会人になっても十分に競技力を維持した一部の者以外は、指導者や役員になれる機会と場を得られた者だけが柔道を継続できるという、生涯スポーツの理念とはかけ離れたいびつな実態が形成されている。

柔道は、高校生や大学生での競技者としての競技からの離脱、いわゆる部活動からの「引退」によって実践は断絶してしまう。社会人として柔道を実践している人は、全体の約13％に過ぎないのである。

これに対して、今一つのメジャーな武道である剣道ではやや様相を異にする。全日本剣道連盟ホームページでは、2007年に行われた全国調査の結果として活動中の剣道実践者が約48万7000人であり、そのうちの40％が一般・社会人であると公表されている（武安、2008）。

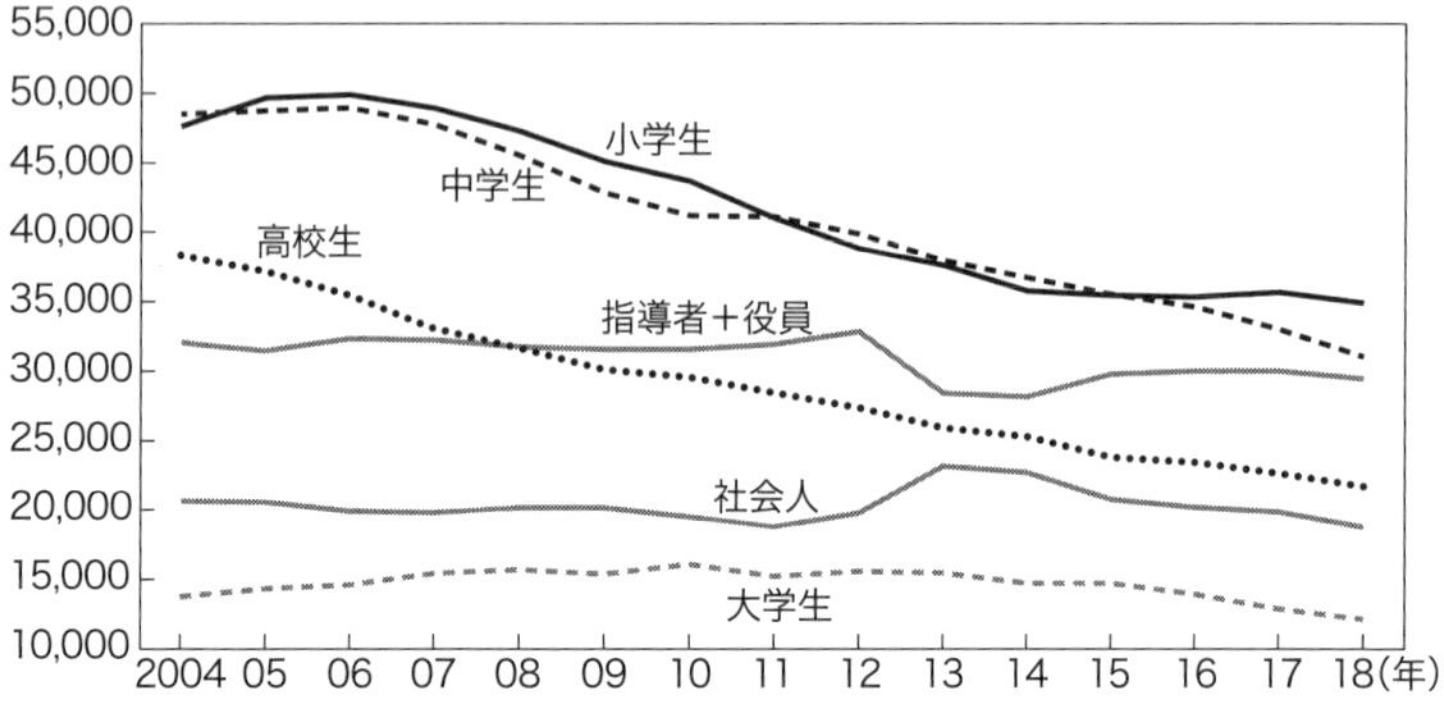

（全日本柔道連盟HPより筆者が作成）

図終-1　全日本柔道連盟登録人口の推移（2004～2018年）

表終-1　全日本柔道連盟登録人口の推移（2004～2018年）

	2004年	2005年	2006年	2007年	2008年	2009年	2010年	2011年
指導者＋役員	32,025	31,396	32,288	32,206	31,731	31,508	31,494	31,945
社会人	20,530	20,503	19,845	19,721	20,040	20,127	19,508	18,859
大学生	13,684	14,286	14,539	15,366	15,660	15,382	16,013	15,262
高校生	38,432	37,326	35,430	33,021	31,609	30,121	29,484	28,437
中学生	48,485	48,630	48,906	47,781	45,593	42,793	41,254	41,028
小学生	47,512	49,684	49,841	48,816	47,267	45,114	43,709	41,040
未就学児	1,357	1,204	1,404	1,500	1,428	1,482	1,495	1,375
合計	202,025	203,029	202,253	198,411	193,328	186,527	182,957	177,946
	2012年	2013年	2014年	2015年	2016年	2017年	2018年	
指導者＋役員	32,835	28,304	28,153	29,713	30,087	29,848	29,451	
社会人	19,727	23,203	22,623	20,659	20,152	19,781	18,773	
大学生	15,521	15,379	14,703	14,648	13,879	12,876	12,045	
高校生	27,291	25,807	25,234	23,791	23,347	22,564	21,638	
中学生	39,816	37,963	36,673	35,488	34,500	32,954	30,997	
小学生	38,863	37,513	35,676	35,317	35,271	35,613	34,863	
未就学児	1,483	1,521	1,435	1,595	1,727	1,731	1,502	
合計	175,536	169,690	164,497	161,211	158,963	155,367	149,301	

（全日本柔道連盟HPより筆者が作成）

もちろん、これをもって剣道が生涯スポーツとしてふさわしい姿となっているかは判断できないが、少なくとも実践の継続という点で柔道のような断絶は見られない。剣道の実践者の多くが、「わざ」を究めた名人をあらわす八段という高みを目指して稽古に励んでいる。この違いが何に由来するのかについては慎重な議論が必要であろうが、前章において明らかとなった柔道実践者の「わざ」への認識に関する実態にその道筋の一つが示されていると考える。

二．勝ち負けから「わざ」へのシフトチェンジ

先に、理合いに則った技を究（極）めるという内在的な価値を追求する姿勢、本論で言うところの「わざ」へのまなざしを、柔道への接し方としてどのように再構築していくのかが問われることを指摘した。

「わざ」はパワーやスピードなどの物理的な量で捉えるものではなく、技の理合いや極意という質的なものによって担保されるものである。正しい稽古を積めば、その精緻さや深みは修行年数の長さに比例して向上するであろうし、「わざ」を究（極）めるという接し方は、子どもから大人、初心者からベテランまで、それぞれのレベルやライフステージに合わせた自己との対話や自由な楽しみ方を提供する。そして、それは永遠に終わりのない作業でもある。高齢であっても「わざ」を追求するような接し方は可能であり、事実今回取り組んだ調査研究では、高齢の実践者には「わざ」を究（極）めようとする傾向が見られた。それは、競技引退後の世界が「わざ」を究（極）めることによって新

たに開かれることを意味する。その典型例が、先に示した八段を追い求める剣道実践者の姿に見られる。

このような「わざ」への視線を、どのようにすれば柔道のなかに復活させることができるのか。もちろん、柔道には長い年月をかけて築き上げてきた制度や仕組み、そして柔道界の組織文化に根ざすやりかたがあり、その変革の姿については容易に答えを出せるものではない。このことを承知のうえで手がかりを一つ示すならば、やはりそれは前章において明らかとなった段位と「わざ」の関係のなかにある。

今回の調査結果においては、柔道では、段位の高低によって「柔の理」の認識状況には違いが出なかった。柔道の段位は、競技力の高さを示すものであって、「わざ」の練度を保証するものではなかったのである。昇段において重視される基準は、昇段審査や大会における勝ち負けである。これに対して、剣道の在り方は実に示唆的である。

剣道の段位は、例えば「八段は、剣道の奥義に通暁、成熟し、技倆円熟なる者」（全日本剣道連盟剣道称号・段位審査規則）とある。そこには競技成績の基準が示されず、剣道の奥義という抽象的な言葉が示すように、明確に「わざ」への方向性が位置付けられている。これより後は未だ推測の域を出るものではないが、剣道はこの昇段というシステムによって、勝敗を楽しむ競技者から「わざ」を究（極）める愛好者への転換が図られているのではないだろうか。剣道も、青少年期は学校の運動部によって競技スポーツへ方向付けられるが、この昇段というシステムによって、ライフステージに応じた剣道を行うために必要な競技力から「わざ」へのシフトチェンジが容易となっているように思われる。

残念なことに、現在（2020年7月現在）公開されている事業計画[1]を見る限り、全日本柔道連盟の視線は、競技スポーツとしての普及発展文脈を見据えたものであり、本論で指摘するような伝統的な「わざ」の復活を志向した取り組みは見当たらない。柔道では、これまで競技スポーツとは異なる「わざ」の追求を、「形（かた）」の修行として保存してきた。しかし、2006年に全日本形競技大会が開催され、これまで「わざ」を究（極）める世界を担保してきた「形」でさえもすでに競技の文脈に取り込まれつつある。

冒頭で、柔道は武技・武芸を継承する我が国の運動文化であり続けるために、「柔の理」に則った技を究（極）めるという、内在的な価値を追求する姿勢を再構築する必要性があることを指摘した。今やそれは、単に伝統文化の継承というだけではなく、このような古来の武術的な接し方にこそ、現代柔道の生き残りをかけた戦略の要諦があることを示唆しているのではないか。競技大会での勝利志向から「わざ」志向への自然な移行、すなわちスポーツ競技者から武道の求道者へのスムーズなシフトチェンジの方策である。

嘉納治五郎は、柔道の実践的価値について体育・勝負・修身の三つをあげている。柔道は、強健な身体をつくる体育法、武術の極意を追求する勝負法、徳性を涵養する修身法として実践できるという主張である（嘉納、1889）。また嘉納は後に、柔道を競技的な娯楽として楽しむ慰心法という実践方法も提唱している（嘉納、1913）。

嘉納の主張するとおり、もし柔道の実践にこのような多様性を求めることができるならば、生涯スポーツとして人生のステージに応じたそれぞれの実践の適時性が問われねばならない。本論の知見から類推するならば、最終段階に嘉納の言う勝負法として向き合う段階に向け、それぞれ次のレベルへのシフトチェンジを円滑にする仕組みづくりを考える必要があるのではないだろうか。

これは、あくまでも仮説としての一例であるが、幼少期には「柔の理」に沿った「わざ」とそれに基づく修身法を中心に実践を行う。そして青年期には体育法として身体を鍛え、慰心法として競技を楽しむ。競技スポーツにおいて、ある意味「柔の理」のみではコントロールし難い場面を経験することも必要かもしれない。そして、アスリートの時代の終了とともに再度「柔よく剛を制す」「わざ」に向き合い、武術としての深みを勝負法として追求する世界に至る。競う相手は敵チームの選手ではない。昨日の自分である。

生涯スポーツとしての柔道は、このようにライフステージに応じたシフトチェンジの仕組みを創り上げることが重要であろう。ここに、「柔の理」という理合いに基づいた「わざ」へのまなざしを取り戻す意義が認められるのである。

三.「わざ」の新しくて古い・古くて新しい可能性

G. Kenyonは、スポーツ活動の手段的価値を「身体活動への態度モデル」として提示し、スポーツ実践者の活動動機を、「Social Experience（社会的経験）」、「Health and Fitness（健康と体力）」、「Pursuit of Vertigo（スリルの追求）」、「Aesthetic Experience（動きの美しさ）」、「Catharsis（緊張の解消）」、「Ascetic Experience（禁欲鍛錬）」の六次元で捉えている（G. Kenyon, 1968）。

武道において「わざ」を追求する姿勢は、外見的には「Aesthetic Experience（動きの美しさ）」に近似した概念であるように思われるが、それは単に形の美しさ以上に形而上の真理や心法の追求も含んだ「Ascetic Experience（禁欲鍛錬）」の要素、あるいは闘争の原理として「Pursuit of Vertigo（スリルの追求）」の要素なども包含している。武道の「わざ」は、実に多面的で豊穣な活動の契機を提供する。

本論で問いかけた柔道のスポーツ化と「わざ」の変容へのまなざしは、古い時代のエスニックなスポーツの姿を捉えながらも、その射程は常に新しい時代のスポーツ文化の在り方に向けられている。2019年に象徴的な出来事があった。それは、スケートボードという武道とは縁もゆかりもない新しいスポーツの出来事である。

世界ランク1位の岡本碧優選手が、国内大会の決勝の演技において高難度の技に挑戦し、残念ながら失敗した。ところが、大会のMCは競技として決着が着いたにもかかわらず、岡本選手に再チャレンジを促した。すると岡本選手は、得点にならないにもかかわらず再度演技を試みただけではなく、技を成功させ、ガッツポーズをして大喜びしたのである。さらにそれを見ていた観客も、競技としては終わっているのに拍手喝采を送っている（スポーツ報知、2019）。

この姿は、2021年に開かれた2020オリンピック・パラリンピック東京大会でも再現された。先の岡本選手は、演技の難易度を下げればメダル獲得の可能性があったにもかかわらず、難易度の高い技に挑んで失敗した。結果は第4位。メダルには届かなかった。しかし、この技に挑む姿勢に感動した参加選手たちは、岡本選手に駆け寄り胴上げを行った（朝日新聞デジタル、2021）。勝敗という価値よりも技の追求という価値が共感を呼んだのである。

これは、スケートボードにかかわる者が、オリンピックに採用されるような競技スポーツであるにもかかわらず、勝敗を競うこととは別の価値観を共有していることを物語っている。武道の「わざ」とスケートボードの技を安易に同一視することは控えねばならないが、武道の「わざ」に近しいスポーツ概念が近年登場した新しいスポーツにも存在し、技の追求という内向きの衝動が若者のスポーツ行動を促しているのである。

「わざ」を論じることは、決して伝統的で古いエスニックスポーツに閉じたスポーツ論ではない。それは、新しいスポーツの在り方を論じる窓口でもある。「わざ」へのまなざしは、古くて新しい、新しくて古いのである。

第三節　「わざ」の復権とこれからの柔道教育

一．柔道教育に存在する矛盾

現代の柔道の発展は、オリンピック種目に採用された競技スポーツとしての柔道の普及に支えられているが、もう一つの柱が学校教育における教科体育にある。

柔道を含めた武道は、第二次大戦後（１９４５年）、ＧＨＱ（連合国軍総司令部）によって軍事技術(Military arts) とみなされ軍国主義的な精神教育に加担したとして学校での指導を禁じられたが、１９５０年に欧米型の競技スポーツとして学校体育に復活した。永木（２００８、１７１-１８８頁）は、この競技スポーツとしての復活が、あくまで学校柔道を復活させるための便法として強調されたと指摘しており、このような柔道を競技スポーツとする捉え方は、現代の教科体育においてもそのまま踏襲されている。

しかし一方で、１９８９（平成元）年の学習指導要領の改訂において、それまでの競技スポーツとしての格闘技を意味する「格技」という領域は、「武道」領域というローカル性を前面に打ち出した名称に変更された。以来、柔道や剣道は、日本の伝統文化とのつながりを学ぶ学習教材として位置付けられて現在に至っている。２０１７（平成29）年に告示された直近の学習指導要領においても、「グローバル化する社会の中で、我が国固有の伝統と文化への理解を深める観点から、日本固有の武道の考え方に触れることができるよう、内容等について一層の改善を図る」と示されている（文部科学省、2018）。

このように、現在の柔道授業には、形式上は欧米型の競技スポーツとして位置付けられながら、実質はエスニックスポーツとしての側面を重視されるという、現代柔道の抱えるグローバルとローカルの矛盾がそのまま持ち込まれている。内田（2019）は、皇国史観にからめとられた殺傷技術としての日本武道が、その軍国主義的イデオロギーゆえにGHQに禁止され、その後、体育教材として復活するに至った経緯をこのように解説している。

「もし、武道を再び公的なものとして認知して欲しければ、『過去の弊害を除去し、本格的なスポーツとして、競技規則、審判規則をつくり、民主的な運営を図る』こと、それが新しい支配者が突きつけた条件であった。武道関係者はその条件を呑んだ。そして、『本格的なスポーツ』として、つまり原義どおりには『娯楽』の要素を重視することを代償に、1950年に柔道が、53年には剣道がふたたび『格技スポーツ』として（相撲とともに）体育教材に採用されることが認可され、文部省の指導下に組織的に整備されることになったのである。」

「武道の禁止はもちろんGHQが命じたものである。けれども、学校体育における武道の禁止について、これを公的に発令したのは文部省であるという歴史的事実は忘れるべきではない。私たちは戦後、強制下であったとはいえ、一度は『伝統的』な身体文化の扼殺に同意したのである。」

そのうえで内田は、格闘スポーツを意味した格技が武道になり、さらにその武道が日本の伝統文化を学ぶ教材として必修化されたことについて、次のように厳しく問いかけている。

「占領軍が去った50年代になって、武道は学校体育の中に忍び込むようにして復活した。だが、それはあくまでも『スポーツ』としてであった。（中略）爾来半世紀、日本の武道は『スポーツ』であり続けた。」

「だとすると、中教審が『伝統文化』への回帰のための方途として今回その必修化を企図している『武道』とは何なのか」

「もし、必修化が伝統文化の継承を意味するのだとしたら、どこかで教育行政はＧＨＱになした約束を公的に破棄し、武道とはこれこれのものであるという再定義を国民に公表していなければならない。」

「そうである限り、今学校教育で行われている武道は公的には『伝統文化とはかかわりがない』ものものままである。」（傍点は原文による）

「その論理的な『ねじれ』を放置したまま、筋がとおらないまま、学校における武道教育があたかも伝統文化とのふれあいの機会であるかのように行政が語るのはよくないと私は思う。」

この内田の指摘は、至極もっともであろう。本論は、このねじれ現象について教育行政的な解決を論ずるものではない。しかし、内田が主張するように、柔道を教科体育に位置付けるにあたり、グローバルとローカルの境目や関係性をどのように整理し位置付けるのかについて深い検討がなされていないことは間違いがない。

現在の柔道を含めた武道授業では、克己や尊敬・謙譲など日本的な美徳と目される道徳的態度と、それを顕現した象徴的な行動様式としての「礼法」が、我が国固有の伝統文化を意味するものとして解釈されている（文部科学省、2018、143-167頁）。これに対して、入江（2003）は、武道が今後も教科体育の教材として存在するためには、近代以降続いてきた武道とナショナリズムの相関、あるいは徳育の手段としてのみの期待から切り離して、武道の何が「我が国固有の文化」であり尊重されるべき事項なのか検討が急がれると述べている。

また、石田（2008）は、2008（平成20）年の学習指導要領改訂時に示された武道必修化に対する不安として、伝統・文化を学ぶという側面を取り上げ、①伝統を標榜するには武道という述語の成立が新しいこと、②都合のよい人間形成が期待されているのであれば武道が矮小化されてしまうこと、③スポーツ化する武道の何を伝統として教えるのかが不明であることを指摘している。

同様に中村（2010）も、武道においては観念的な修養論が横行し、「武道は日本の伝統文化である」、「武道をやれば人間形成ができる」といった短絡的思考に基づく閉じた人間関係にのみ通用する感覚的・抽象的な学習論が支配的である現状に警鐘を鳴らしている。

確かに、武道には古来の武術から引き継いだ修養や徳育主義的な価値観が存在する。しかしこれらの指摘は、その徳育主義的な価値観を安易に近代スポーツにおける道徳とマナーの教育に引き寄せて伝統とのつながりを強調すること、そして、それを日本文化の学習として展開することへの違和感を示すものであろう。

例えば、我が国固有の文化を象徴するものが柔道の礼法ならば、相手への尊重や敬意などというスポーツマンシップにも通じるような万国共通の価値観以外に、日本人独特の気風（ethos）や社会的態度が反映されていることが示されねばならないはずである。このような検討が軽視されてきた結果が、入江、石田、中村が指摘した、伝統文化の学習と汎用的な道徳的指導の混同の現状であり、単なる試合や練習前後のお辞儀の励行と化した礼法の指導である。

本論では、文化としての動きである柔道の「わざ」に注目し、スポーツ化と呼ばれる現象の実相に迫ってきた。柔道の「わざ」は、バイオメカニクス的な運動技術や個人の経験としての運動技能ではない。柔道の「わざ」は、「柔の理」という我が国の柔術特有の闘いの原理によって生成される技であり、中国から輸入された概念をもとに日本文化のなかで醸成され完成された動きである。そしてこの「わざ」は、事理一体という独特の考え方を通して、日常の行動様式を規定する美意識へと展開される。

友添（２０１１）は、日本の武術について、「武術の最終目的は、具体的な眼前の生死をも超越した、絶対的境地の確立という人格の完成にあり、『技術（わざ）』、あるいは『修行』や『稽古』も『心』と密接不可分のものと考えられ、それらは『人格の完成』という最終目的に到達するための手段的性格をもつものとしてとらえられてきた」と解説しているが、これは、武道の伝統である修養主義的な価値観が、「わざ」の問題を無視して存在し得ないことを示している。同時にそれは、一見すると日本的ではあるが、実質は汎用的な道徳的態度と形式的な挨拶の指導に終始するような、これまでの柔道授業とは異なる伝統文化の学習が必要なことを意味するとともに、それが「わざ」の指導に関連して展開可能になることを示唆するものであろう。

二.「わざ」による伝統文化の学習

柔道の「わざ」に注目することで、伝統文化の学習は体育の中核である運動学習と一体化する。そして、この研究における調査結果は、それが論理上の推論ではなく、実際の指導として実現可能なレベルにあることを示している。「柔の理」によって生成される柔道の「わざ」は、実際に「柔よく剛を制す」動きとして実体化でき、その認識状況は「柔の理定着尺度」によって測定可能である。

現在の体育では、学習指導要領が示す三つの資質能力、①「知識及び技能」、②「思考力、判断力、表現力等」、③「学びに向かう力、人間性等」に対応した学習内容が示されている。しかし、現在の柔道学習では「わざ」の問題を無視しているために、自国の伝統文化は③「学びに向かう力、人間性等」の内容としてのみ位置付けられ、①「知識及び技能」や②「思考力、判断力、表現力等」との関連についてはまったくふれられていない。

これは教科体育が柔道を競技スポーツとして位置付けていることによる限界であり、柔道のスポーツ化の学校教育における展開例であるのかもしれない。しかし、柔道という種目に、「グローバル化する社会の中で、我が国固有の伝統と文化への理解を深める」という期待を寄せるのであれば、日本文化が発露された動きである「わざ」の問題を無視した学習内容は許されない。「柔の理」を体現す

図終-2　柔道学習の構造と学習内容

る「わざ」にこそ、柔道の伝える自国文化の源泉があり、事理一体という価値観によって、伝統文化の学習は①「知識及び技能」、②「思考力、判断力、表現力等」、③「学びに向かう力、人間性等」という三つの内容が有機的に連関したものへと発展する。

図終‐2は、「わざ」の問題を核にした柔道学習の構造と学習内容の例を模式的にあらわしたものである。「わざ」は心の有りようをも規定する動きである。「知識及び技能」としては、かわす・そらす・ずらすなど力の衝突を避けながら相手の力を利用する、いわゆる「柔よく剛を制す」動きを学ぶ運動学習である。必然的に、投げ技であれば相手を強くスピーディに「投げたかどうか」ではなく、相手の体勢を「崩したかどうか」に学習の視点を設定しなければならない。「投げたかどうか」は競技スポーツの評価であり、伝統文化を学ぶ体育授業としては、

「柔の理」を踏まえた動きや技の理解と習得を目指す必要があろう。

また、「思考力、表現力、判断力等」についても、それはあくまでも「柔の理」にしたがった「わざ」から導かれる課題解決の法則であり、例えば、表現力ならばディベートのような互いの意見を闘わせるような討論の仕方ではない。相手の意見を受け入れながら、ＹｏｕでもないＩでもない、Ｗｅというアマルガムな領域をつくろうとする話し合い活動となる。もちろん、それは課題解決方法として適当か否かという問題ではなく、日本的な思考の型を学ぶ学習として考えるべき内容である。

「学びに向かう力、人間性等」も同様に、調和を重んじる世界観によって生まれる融和的で協調的な行動様式が、柔道の「わざ」の原理が理想的に発揮された人間関係にあることを学ぶ必要がある。

これが運動やスポーツ活動による教育効果としてのスポーツ教育とは異なる武道の修養や徳育主義の本質であり、事理一体の境地である。相手の力を制御することと、よりよい課題解決法を導くこと、対人関係で調和を築くことは、すべて柔道の「わざ」に帰結する。嘉納治五郎が提示した、「精力善用を旨として自他共栄する」という言葉の真意はここにある。

先の調査によって、柔道が競技化されることによって伝統的な「わざ」が失われつつある現状が明らかとなった。「わざ」を失い、「柔の理」を伝えることのできなくなりつつある柔道が、我が国の伝統文化を体現する教育として何を伝えるものであるのか、グローバル化の時代であるからこそ今一度再考を促したい。

三．体育における柔道の希有な教材価値

最後に、柔道における伝統文化の学習のオリジナリティについて考えてみたい。本節においては、スポーツ化によって損なわれつつある柔道の「わざ」に注目し、教科体育という側面から柔道（武道）における「わざ」の文化の重要性を確認するとともに、伝統文化を学ぶ柔道学習の在り方を検討してきた。その結果、図終-２に示したような「わざ」を核にした伝統文化の学習構造を提示した。今回の検討をとおして、柔道という教材には学習指導要領が意識する「グローバル社会への対応」という点で、極めて特徴的な存在意義があることが明らかとなった。それは、柔道のなかにグローバルな競技スポーツとエスニックな武道が共存し、それぞれの所在が示された点にある。

ここで確認しておくが、本書の主張は柔道の学習を伝統一色に染めるということではない。何度も繰り返すが、伝統文化の学習の教育価値はグローバル時代にふさわしいものさしの獲得にある。柔道はその体内に、グローバルな世界とローカルな世界をともに包含している。これまでの柔道の学習の欠点は、この両者の境界が教条的な武道論によって曖昧にされてきたところにある。しかし、この矛盾した性格こそが体育学習として貴重な教材価値ではないだろうか。

本書では、柔道のなかに見られるエスニシティの所在を「わざ」をとおして描いてきた。それは、グローバルな競技スポーツに隠された伝統文化としての柔道を切り分ける作業であり、どちらかの優劣を論じたり取捨選択を迫ったりすることを目的としたものではない。グローバルとローカルの区別

を明確にすること、具体的には、グローバルスポーツとして「競う」という機能的特性にふれる学習とともに、「柔の理」や「柔よく剛を制す」動きや技の学習を区別して、グローバル化時代に資する教育として位置付けることを主張するものである。

柔道を教育として考えるならば、グローバルとローカルが生む価値観の対立と葛藤は決して不幸でネガティブな問題ではない。それは、裏を返せば、柔道を教材にすることによって、グローバルとローカルの比較や、グローバル化時代におけるローカルの在り方や存在意義など、いわゆるグローバル教育にかかわる学びが一つの学習のなかで完結することを意味しているのである。柔道は、他の競技スポーツとの比較を経ることなく、「グローバル化社会」の理解に必要な比較軸を獲得することができる希有な教材である。伝統的な「わざ」の復権によって、柔道のグローバルとローカルが併存する特異性は、現代に必要不可欠な学習教材として意味付けられるのである。

第四節　研究の結論

一．研究成果のまとめ

従来のスポーツ化をめぐる論は、我が国の武道の伝統を修養主義的な価値観に結び付け、本質的に欧米由来の消費スポーツ的な娯楽性や競技性と相容れないことを、ことさらに主張する教条主義的な武道論のうえに成立してきた。この流れに沿って、柔道のスポーツ化は、誤った海外のＪＵＤＯに対する真正な日本柔道という定型化された語りによって論じられてきたのである。本書は、これらの定型化した論とは異なり、運動の中核である「わざ」の変容という新たな視点から柔道のスポーツ化の実相に迫るものであった。

柔道というエスニックスポーツの「わざ」は、中国由来の「柔」という概念を活用して組み上げられた「柔の理」と呼ばれる伝統的な武術の戦術原理によって生まれた。少なくとも、嘉納治五郎が創始した当時の講道館柔道はそのように考えられて創案されている。そして、オリンピックスポーツとして発展した今でも、「柔よく剛を制す」動きは競技における美技として実体化されることがあり、日本人のエスニシティを呼び覚ますスポーツ場面を私たちに提供してくれる。しかし、それはグローバルスポーツとしてのＪＵＤＯの平準化された「技」のなかに一瞬垣間見えたフラッシュバックに過ぎないのか、それとも、今でも柔道競技者に文化的スペックとして標準装備されている伝統的な「わざ」の発現なのか。本書における現代日本柔道への問いかけである。

柔道のスポーツ化と呼ばれる現象の実相は、ルールや制度の改正という外形上の脱伝統にあるのではなく、武技・武芸から継承したはずの理想的な動きの喪失にあるのではないか。そして、それはこれまでスポーツ化として語られてきたような外国柔道からの文化浸食ではなく、まぎれもない日本柔道の内なる変容として顕在化しているのではないか。我が国の柔道競技者は、武技・武芸から受け継いだ理想的な動きをオリンピックスポーツのなかに昇華させているのか、それともすでに摩耗させてしまったのか。本書は、このような新たな切り口から柔道のスポーツ化という現象の解明に迫るものである。

それは、嘉納が古流柔術から継承した、柔道において「よし」とされる「柔よく剛を制す」動き方や技の遺伝子を、現在の柔道競技者の技能のなかに探し求める作業となった。この研究のオリジナリティは柔道の「わざ」に注目したこととともに、これまでのような定性的な言論としての「わざ」研究にとどまることなく、定量的な把握によって身体運動文化の実体としての「動き」の生々しい変化を描くことに挑戦してきた点にある。

具体的には、「柔道のスポーツ化の内実は柔道そのものの『わざ』の変容にある」という仮説を立て、「i．『わざ』の変容は柔道の競技化とかかわって進行しているのではないか」、「ii．『わざ』の変容は我が国の柔道実践者のなかに進行しているのではないか」という二つのリサーチクエスチョンを設定した。そして、スポーツ化される以前の柔道に存在した「わざ」の変容を、柔道実践者の「柔よく剛を制す」動きに対する認識状況から類推するために、新たに開発した「柔の理定着尺度」を用いて二つのリサーチクエスチョンの検討を行ってきた。

得られた知見は以下のとおりである。

①現代の柔道実践者は、「気息傾向群：伝統を意識しながらも競技スポーツの文脈で柔道をしている層」、「柔の理軽視群：競技スポーツとして柔道をしている層」、「柔の理重視群：武道として伝統的な技を追求している層」の三群に分かれている。

②「柔の理軽視群」には競技として柔道を実践している者が多く、「柔の理重視群」には愛好者として柔道を実践している者が多い傾向にある。指導者については顕著な特徴が見られない。

③年齢が高くなると、「柔の理重視群」が多くなる傾向にある。

④修行年数の長さや段位の高低は、「柔の理」への認識度と関連がない。

⑤「勝つため」に稽古する者には「柔の理軽視群」が多く、「究（極）めるため」に稽古する者には「柔の理重視群」が多い傾向にある。

①〜⑤の知見を総合的に考察するならば、「柔よく剛を制す」という「わざ」を生み出す原理である「柔の理」の軽視は、競技化傾向の強さに伴ってあらわれる特徴であることは明らかである。したがって、「i．『わざ』の変容は柔道の競技化とかかわって進行しているのではないか」、「ii．『わざ』の変容は我が国の柔道実践者のなかに進行しているのではないか」という、今回の研究における二つのリサーチクエスチョンは肯定される結果となった。柔道のスポーツ化とは、柔道が近代化する

プロセスのなかで、オリンピックに象徴される競技スポーツの文脈に組み込まれていく様相を意味する。したがって、本論が仮説として設定した「柔道の『スポーツ化』の内実は柔道そのものの『わざ』の変容にあること」は証明されたと考える。

二．嘉納治五郎のめざした柔道

最後に、嘉納治五郎の競技スポーツ観を記述しておきたい。嘉納は、その著作や講演において、以下のような言葉を残している。

「柔道にせよ、その他の事にせよ、競技そのものは有益でも、それがため、等しくまたは一層必要なる学業に妨害をなす場合は、それを禁止する理由は成立するのである。」（嘉納、1918）

「（勝負のみに夢中になると：筆者補足）同一学校における競技運動にしても、対抗的の競技運動にしても、また社会の各種の人々の集うて行なう競技運動にしても、ただ勝つことのみを考えて、他を顧みないようになるから参加者相互の間に感情の融和を欠き、不快な結果を来すようにもなる。」（嘉納、1925）

「今日柔道の稽古の仕方が崩れてきたのには二つの理由がある。すなわちその一つとして、柔道奨励のためには勝負を争わしめるが便法であるがゆえに、月次勝負あるいは紅白勝負等を行うて、修行者を励ましたことをあげねばならぬ。[2]」（嘉納、1927）

「競技運動の目的は単純で狭いが、柔道の目的は複雑で広い。いわば競技運動は、柔道の目的とするところの一部を遂行せんとするに過ぎぬのである。」(嘉納、1929)

嘉納は、方便として柔道の競技化は認めその効用も十分認識していたが、柔道と競技スポーツの接近には終始慎重であり、競技スポーツの文脈にすべてが取り込まれないように細心の注意を払っていたと言える。それは、大正から昭和初めの頃にすでに柔道の競技化すなわちスポーツ化が認識されていた証拠であるが、嘉納は修行者にこのように注意喚起するのである。

「講道館において柔道を学ぶ者も、多くは思想や生活上に応用することを忘れ、技術方面のことに没頭する傾きがあるので、柔道と昔の柔術を混同するようになったのである。」(嘉納、1933)

「仮に勝負に勝っても、その勝ち方が修行の究極の目的に適わぬような勝ち方であれば、非難すべきである。」(嘉納、1935a)

「今日まで、形・乱取のかたちにおける柔道は相当に世に普及したが、万般の事にこの原理を応用する意味における柔道はまだきわめて狭い範囲に理解せられているに過ぎない。」(嘉納、1935b)

嘉納柔道の究極の目的は「精力善用・自他共栄」であるが、それは「柔の理」を踏まえた「わざ」を身体化することによって事理一体的に獲得される。それが、嘉納が我が国の伝統を継承しつつ創案した柔道であり、近代学校教育という制度に対応することによって全国に普及させ、さらにグローバルな世界に向け発信しようとした柔道であった。

しかし、嘉納が伝えようとした柔道の「わざ」は、今失われようとしている。永木(2008、415‐424頁)は、戦後、柔道の競技化によって柔道の教育的価値の低下が憂慮され続けてきたことを指摘しているが、私たちは柔道をスポーツ化することで何を得て何を失ったのか。それは、単に教育的価値の低下という効用的な部分の劣化にとどまらず、柔道の伝統文化としての根幹にかかわるアイデンティティの放棄を意味するのではないだろうか。これら創始者の言葉に向き合いながら、今こそ自身に冷静に問いかけてみる必要がある。

再度確認しておくが、現在のグローバルスポーツとしてのJUDOは、幾多の先人たちが苦労の末にたどり着いた柔道の極致の姿の一つである。これは決して否定されるものではない。本論はスポーツ化された柔道を改めようという主張を展開するものではない。柔道がスポーツ化する過程において、私たちは嘉納が大切にしていた伝統的な柔道の「わざ」を失いつつあることに気付くこと、その必要性を訴えるものである。

なぜならば、柔道は、同一種目のなかにグローバルとローカルの軸が存在し、その間にある矛盾や葛藤を含めてそれらの実相を学ぶことが可能な武道種目であるからである。競技スポーツとして発展したオリンピックスポーツの柔道、そして「わざ」を学ぶ伝統的な柔道。まさに、過激なグローバリゼーションが席巻する現代に求められる学びが、この二つの柔道の葛藤や矛盾のなかにある。日本というローカルな文化を生かしたグローバルな世界を創造する。それこそが柔道という身体運動文化の現代における存在意義であるとともに、嘉納治五郎が究極的にめざした柔道の世界観なのではないだろうか。

三、今後に向けた課題

本書を終えるにあたって、研究の限界と今後の課題について整理しておきたい。本書では、柔道のスポーツ化を「わざ」の変容をとおして描いてきた。柔道の「わざ」とは、日本古来の柔術において創案された「柔の理」という技の理合いによって生成され、「柔よく剛を制す」動きや技として私たちの眼前に供される。この「柔よく剛を制す」動きを客観的に捉えるために、この研究では「柔の理定着尺度」を開発した。

本来、変容という現象を捉えるためには、その前後の姿の比較を経ねばならない。すなわち、嘉納が創始した直後の柔道の技と、現代の柔道の技の比較が必要である。しかし、それが物理的に測定不能なことは言うまでもなく、前後の直接の比較が不可能なことは研究の限界として受け入れねばならない。

しかし、嘉納は古流柔術の技術を捨て新しい技を創造したわけではない。嘉納は古流柔術の「わざ」に近代合理主義的な解釈を加えたが、柔道という体系の本質が、技術としても思想としても伝統的な古流柔術の基盤のうえに成り立っていることは論理として説明がなされている。このことは第二章及び第三章で述べたとおりであり、その意味では、柔道も講道館流柔術と言っても過言ではない。よって本書では、柔道の技の原型を古流柔術の技に投影することによってその変容を捉えることとしている。

また、「わざ」は質的に規定されるものであり、開発された尺度はあくまでも実践者の自身の「柔よく剛を制す」動きや技に対する重視度をもって、「柔の理」の定着状況を推定するものとなっている。したがって、本人の意識として「柔よく剛を制す」動きや技を実現しているつもりであっても、実際上の動作として「柔よく剛を制す」パフォーマンスを発揮できているか否かについては確定することはできない。その点においては、現在も「柔の理」を重視していると推定された柔術修行者の駆使する技について、近代以前の武芸者が駆使した技や動きを踏襲していると断定することはできないことを付記しておく。

次に、「わざ」は闘争の原理によって生成された理想の動きであるとともに、実践者の心の有りようや行動様式をも規定する真理を含むものである。しかし、今回の研究では、このような「わざ」のグローバルスポーツとは異なる技術観あるいは教育観について、論理のうえで確認したにとどまり、その実際的な実用性や教育効果については検証できていない。あくまでも、我が国の武術や武道における伝統的な修養主義的価値観と、「わざ」との関係を確認したにとどまるものである。

また、今回の研究では、柔道のスポーツ化を捉える指標として「わざ」に注目し、その「伝統価値」の所在を「柔の理」という理合いに求めた。しかし、「柔の理」という概念については、もっぱら柔術などの徒手格闘技において用いられる表現であり、剣術や槍術、弓術など他の武技・武芸で表だって用いられることは少ない。本論のなかで、いくつかの剣術流派の例をあげながら、それら流派の極意が「柔の理」に矛盾しない考え方によって組み立てられていることを指摘したが、それが厳密な意味で武術全般に一般化できるのかについては今後の研究によって証明すべきことと考える。

武技・武芸を遡れば、それらは柔術や剣術などが未分化な総合武術として存在していた。今回はあくまでも柔術から柔道という徒手格闘技の系譜を問題にしたが、今後は発祥や発展の過程を同じくする他の種目も含めた、我が国のエスニックな身体運動文化である武術や武道という大きな括りにおいて、「わざ」の問題を検討する必要がある。

それは例えば、現在も伝承されている柔術以外の古流剣術流派等の「わざ」の把握にかかわる問題や、柔道と同じく競技として発展した剣道のスポーツ化についての検討を促す。とりわけ、剣道は競技化という点で柔道と同じ路線において近代化を果たしたが、オリンピック種目への参入を目指さない方針を打ち出すなど、柔道とはやや異なる方向性も有している点で興味深い。また、同じ徒手を中心とした格闘技であるにもかかわらず、競技人口が激減しつつある柔道に対し、近年、女子を含めた青壮年層に流行しつつあるブラジリアン柔術などの総合格闘技系の種目は、柔道などの日本の格闘技と深く関連して発達した経緯もある。実践者の「わざ」へのまなざしについて純粋な我が国の武道との共通点や相違点なども今後検討すべき課題となろう。

生涯スポーツや教科教育について、柔道の伝統的な「わざ」との関連に言及した研究は、未だその蓄積が薄いのが現状である。本論においても未解決な課題は多数認められ、その研究は端緒についたばかりである。研究のさらなる発展が望まれる。

■注

(1)全日本柔道連盟の2020年度事業計画においては、次の五つの柱によって事業内容が構成されている。

①柔道に関する競技者および指導者の育成事業

②柔道に関する競技会および講習会の開催事業

③柔道用具の公認及び認定事業

④柔道に関する国際交流及び国際貢献事業

⑤その他本連盟の目的を達成するための事業

このなかで、⑤その他の事業において、「『柔道 for ALL』を合言葉に老若男女を問わず、健常者、障がい者の垣根を越えた日本柔道界全体の発展に努めていく」と述べられているが、そのメインとなるのは「柔道を通じた人間教育の実践」、「柔道事故の防止」に関する内容であり、生涯スポーツに関する具体的内容については、「日本ベテランズ大会の開催」（傍点は筆者による）があげられているのみである。

(2)嘉納は第二の理由として、「急に柔道が普及して、多数の人が稽古をするようになったがため、善い正しい方法で乱取りを教える資格を有するものが欠乏したということが挙げ得る」と述べ、熟練した指導者の不足を指摘している。

■引用・参考文献

・朝日新聞デジタル（2021）勝ち負けより大切なもの：五輪のスケボーが示した価値観．https://www.asahi.com/articles/ASP8F5SM5P8CUTQP01Q.html?pn=6&unlock=1#continuehere.（2021年9月29日参照）

・G. Kenyon (1968) A Conceptual Model for Characterizing Physical Activity. Research Quarterly for Exercise and Sport 39(1): 96-105.

・石田智巳（2008）新学習指導要領への期待とその体制がもたらす不安．体育科教育、56（6）：44‐46頁．

・入江康平（2003）武道文化の探求．不昧堂出版、68頁．

・金子明友（2002）わざの伝承．明和出版、38頁．

・嘉納治五郎（1889）柔道一班ならびにその教育上の価値．嘉納治五郎体系 第2巻．本の友社、88‐134頁．
・嘉納治五郎（1913）柔道概説．嘉納治五郎体系 第3巻．本の友社、104‐118頁．
・嘉納治五郎（1918）対抗試合の真意義．柔道．嘉納治五郎体系 第6巻．本の友社、32‐38頁．
・嘉納治五郎（1925）競技運動の目的およびその実行の方法について．中等教育．嘉納治五郎体系 第8巻．本の友社、247‐252頁．
・嘉納治五郎（1927）柔道家としての嘉納治五郎（六）．作興．嘉納治五郎体系 第10巻．本の友社、46‐56頁．
・嘉納治五郎（1929）柔道と競技運動．作興．嘉納治五郎体系 第1巻．本の友社、18‐23頁．
・嘉納治五郎（1933）柔道の真意義を天下に宣伝する必要を論ず．柔道．嘉納治五郎体系 第1巻．本の友社、310‐313頁．
・嘉納治五郎（1935a）乱取の練習および試合の際における注意．柔道．嘉納治五郎体系 第3巻．本の友社、288‐291頁．
・嘉納治五郎（1935b）自伝の中に織り込んだ柔道と師範教育の神髄．教育．嘉納治五郎体系 第10巻．本の友社、344‐369頁．
・川西正志（2012）生涯スポーツ研究の現状．川西正志、野川春夫編．改訂3版生涯スポーツ実践論―生涯スポーツを学ぶ人たちに―．市村出版、7‐9頁．
・桐生習作（2017）柔術の形稽古論に学ぶ．小俣孝嗣編．実践柔道論．メディアパル、19‐28頁．
・文部科学省（2011）スポーツ基本法（平成23年法律第78号）．https://www.mext.go.jp/a_menu/sports/kihonhou/attach/1307658.htm（参照日2020年7月11日）
・文部科学省（2017）スポーツ基本計画．https://www.mext.go.jp/sports/content/1383656_002.pdf（参照日2020年7月11日）
・文部科学省（2018）中学校学習指導要領（平成29年告示）解説保健体育編．東山書房、6‐9頁．
・永木耕介（2008）嘉納柔道思想の継承と変容．風間書房、79頁．
・永木耕介（2016）嘉納治五郎による柔道普及の世界戦略．月刊武道、9月号：158‐163頁．

・中嶋哲也（２０１１）武道のスポーツ化言説とその系譜―近代日本の武道概念史―．早稲田大学博士論文．
・中村民雄（２０１０）中学校武道必修化について―我が国固有の伝統と文化をどう伝えるか―．武道学研究，42（３）：１‐９頁．
・野川春夫（２０１２）生涯スポーツの歴史と定義．川西正志，野川春夫編．改訂３版生涯スポーツ実践論―生涯スポーツを学ぶ人たちに―．市村出版，１‐３頁．
・スポーツ報知（２０１９）スケボー岡本碧優が国内凱旋試合でV あの〝大技〟も披露．https://hochi.news/articles/20191201-OHT1T50157.html（参照日２０２０年８月12日）
・武安義光（２００８）寄稿「まど」平成20年５月号第２５０回．全日本剣道連盟ホームページ．https://www.kendo.or.jp/old/column/250.html（参照日２０２０年７月11日）
・内田樹（２０１９）武道的思考．ちくま文庫，33‐46頁．
・ヨーゼフ・シュンペーター：大野一訳（２０１６）資本主義，社会主義，民主主義．日経ＢＰクラシックス，１６９‐３６７頁．
・全日本柔道連盟（２０１０）柔道ルネッサンス宣言．https://www.judo.or.jp/shiru/renaissance（参照日２０２０年７月11日）
・全日本柔道連盟（２０２０）公益財団法人全日本柔道連盟２０２０年度事業計画書．https://www.judo.or.jp/wp-content/uploads/2020/03/R2-BusinessPlan.pdf（参照日２０２０年７月11日）

⑸相手の技（わざ）に対応するときは…

相手の動きを自分に利用する　4　3　2　1　相手の動きを力強く制する

⑹優勢に戦いを進めるには…

状況に応じた多彩な技を出す　4　3　2　1　絶対的な決め技にこだわりをもつ

⑺あなたが守勢になっている場合には…

相手の動きをかわすような柔軟な守りをする　4　3　2　1　相手の動きを跳ね返すような堅い守りをする

⑻自分の動きに引き込むには…

相手に合わせながら自分の動きに転化する　4　3　2　1　力強く相手の動きをさえぎる

⑼相手が激しく動きまわる場合には…

相手よりもっと激しく動く　4　3　2　1　落ち着いてどっしり構える

⑽自分が闘志満々のときには…

闘志を表に出す　4　3　2　1　平静をよそおう

⑾試合が始まる瞬間には…

相手の出方や気配を読んで攻撃する　4　3　2　1　相手に関係なく自分の決めた方法で攻撃する

⑿相手の技を防ぐには…

そらしたりかわしたりする　4　3　2　1　受け止めたり押し返したりする

⒀勝負のクライマックスでは…

気迫を前面に押し出す　4　3　2　1　つとめて冷静になる

⒁試合運びのキーポイントは…

相手の動きに瞬時に反応して動く　4　3　2　1　相手にかかわらず自分の得意な動き方をする

⒂戦術を考えるときは…

どんな相手にも自分の戦術は変えない　4　3　2　1　相手によって戦術は変える

⒃相手の激しい攻めに対しては…

勢いに負けないように反撃する　4　3　2　1　逆らわずに受け流しながら反撃する

⒄相手のかたい守りに対しては…

相手を誘い出す工夫をする　4　3　2　1　自分のやり方で力強く攻める

⒅相手が試合中に戦い方を変えてきたなら…

自分の決めた戦法をつらぬく　4　3　2　1　状況に応じて戦法を変える

⒆相手がにらみ付けてきたら…

にらみ返す　4　3　2　1　受け流す

⒇守りから攻めに転じる場合は…

相手の動きや力を利用して反撃する　4　3　2　1　自分の得意な動きで力強く反撃する

以下の質問は、柔道に関する個人の考え方を対比させたものです。【注意事項】と【回答の例】を読んでから答えてください。

【注意事項】

①相手と戦うときに、あなたが好きである、かっこいいと感じるやりかたや考え方にどちらが近いと思いますか。現在の競技会や試合では難しいと思っても、あくまでもあなたの好みを基準に答えてください。

②示された二つの例は両者とも合理的な考え方です。この調査はあなたの個人的な好みやイメージを問うもので、どちらが正しいかを問うものではありません。

③質問に対して、首尾一貫した態度をとる必要はありません。よく似た言葉や表現が出てきても、前の回答とは無関係に、感じたとおり素直に記入してください。

④質問には、すべて答えてください。

【回答の例】

例1

次のように尺度の上に○をしてください。

	4 3 2 1	
力負けしないように押し返す	├⊕┼─┤	逆らわないようにそらしたりかわしたりする
負けずに闘志を燃やす	├─┼─⊕	逆に冷静になる

例2

次のような囲み方は絶対にしないでください。

×尺度の中間に○をする。

	4 3 2 1	
力負けしないように押し返す	├─┼○┼─┤	逆らわないようにそらしたりかわしたりする

×二つの尺度にまたがって○をする。

	4 3 2 1	
負けずに闘志を燃やす	├─┼(──)	逆に冷静になる

【それでは、以下の質問に答えてください】

⑴相手が闘志満々のときには…

	4 3 2 1	
負けずに闘志を燃やす	├─┼─┼─┤	逆に冷静になる

⑵強い力に対しては

	4 3 2 1	
すかしたりそらしたりする	├─┼─┼─┤	より強い力を出そうとする

⑶素早く動く相手には…

	4 3 2 1	
より素早く動く	├─┼─┼─┤	どっしり構える

⑷戦うときの基本の構え（姿勢）は…

	4 3 2 1	
力を抜いてすらっと立つ	├─┼─┼─┤	力を入れてがっちり構える

■次の質問に答えてください。

私は本調査の主旨に同意し、質問に回答します。　　はい　・　いいえ

1．性　別：　男　・　女

2．年　齢：＿＿＿＿＿歳

3．柔道歴：＿＿＿＿＿年（端数は切り上げてください：10年3ヶ月→11年）

4．段　位：＿＿＿＿＿段（段外の方は「0」と記入してください）

5．柔道にかかわる現在の状況（現在の状況に最もあてはまるものを、一つだけ選んでください。重なる方は自分が重視する方を選んでください。）
①現在は、勝敗を競うことを目的とした「競技選手」である
②現在は、道場や部活動、柔道クラブ、その他の「指導者」である
③現在は、趣味として続けている「愛好者」である

6．現在、自分が柔道の稽古をしている目的について、下の①～④を今はどの程度重視しているか、（①～④の合計が100点になるように）0～100点の間で割合を点数化してください。
①各種の公式競技大会で「勝つため」　……（　　）点/100
（例：公式戦で好成績をあげる・順位を上げるなど）
②自分の「指導力向上のため」　……（　　）点/100
（例：部活動や道場・クラブで指導するなど）
③運動そのものを「楽しむため」　……（　　）点/100
（例：仲間との交流、健康やストレス解消、格闘を楽しむなど）
④柔道を「究（極）めるため」　……（　　）点/100
（例：自己の技を磨く、精神修養、日本文化の追求など）
合　計100点/100

7．もっとも当てはまる番号に○をつけてください。
①自分は職場・地域の活動や集まりなどで、よくリーダー的役割などを頼まれる
②自分は職場・地域の活動や集まりなどで、ときどきリーダー的役割などを頼まれる
③自分は職場・地域の活動や集まりなどで、あまりリーダー的役割などは頼まれない

柔（やわら）の動きに関する調査

この調査は、中・高等学校の柔道授業の学習内容の改善を目的としています。質問では、柔道の動きや戦術などに対する好みやイメージを聞いていますが、深く考えずに感じたとおりの印象で答えてください。
何とぞ、みなさまの御協力をお願い申し上げます。

なお、回答によって得た情報については、研究目的以外に転用することはありません。また、研究の目的が達成できた後には責任を持ってデータを破棄いたします。

（兵庫教育大学　有山篤利、京都教育大学　籔根敏和）

※本調査票は、日本古武道協会及び起倒流柔術代表井上彰二氏の御協力を得て、独立行政法人日本学術振興会科学研究費（基盤研究 C）の助成により作成しました。また、調査は公益財団法人講道館の御許可を得て実施しております。

［著者紹介］

有山篤利（ありやま あつとし）

追手門学院大学教授。

1960 年京都府生まれ。

専門分野は、スポーツ教育学、スポーツ社会学（体育、武道、運動部活動）。

京都府立高等学校教諭、京都府教育庁保健体育課指導主事、聖泉大学教授、兵庫教育大学大学院教授を経て 2020 年度より現職。

主著に『フランス柔道とは何か』（共著、青弓社）、『スポーツ戦略論』（共著、大修館書店）など。

「わざ」を忘《わす》れた日本柔道《にほんじゅうどう》

NDC789/285p/20cm

初版第 1 刷発行――2023 年 2 月 28 日

著　者――――有山篤利《ありやまあつとし》
発行者――――鈴木一行
発行所――――株式会社 大修館書店
〒 113-8541　東京都文京区湯島 2-1-1
電話 03-3868-2651（販売部）　03-3868-2299（編集部）
振替 00190-7-40504
［出版情報］ https://www.taishukan.co.jp/

装　丁――――石山智博
組　版――――加藤　智
印刷所――――三松堂印刷
製本所――――牧製本

ISBN978-4-469-26954-3　Printed in Japan